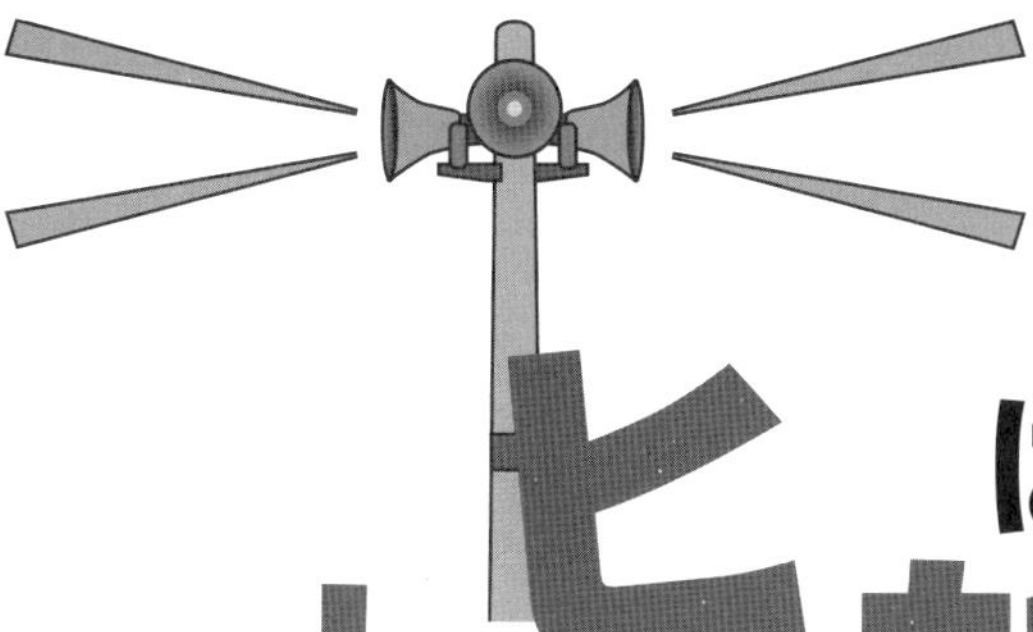

災害情報はなぜヒットしないのか

住民の避難を進めるために

山﨑　登

国士舘大学 防災・救急救助総合研究所 教授

元 NHK解説委員

まえがき

２０１７年（平成29年）の秋から国士館大学防災・救急救助総合研究所に所属して学生に防災を教えているが、それまで長くＮＨＫで自然災害と防災を担当する記者や解説委員をしてきた。災害の被害を減らすための情報の役割は大きく、またそれを伝える放送メディアが担っている役割も重いと思って仕事をしてきたが、しだいに災害情報と社会のあり方について疑問を覚えるようになった。

その後職場を大学に移し、東日本大震災の被害状況さえ、地震発生当時幼くて記憶にしっかり残っていないような学生たちに災害と防災について話をするようになった。ＮＨＫにいた頃は、多くの場合、災害が起こった直後に、その記憶が生々しい中で災害の特徴や防災対策を語ってきた。しかし大学では、学生がその災害を知っているという前提なしに話さないと通じないことが多い。そうした講義を続ける中で、ＮＨＫで仕事をしながら感じた思いがはっきりと形となってきた。

およそすべての災害で、被害を減らすために情報の役割が重要なものになっているが、この本では風水害対策における情報の問題を考えてみたい。このところ毎年のように各地を〝記録的〟と形容がつく豪雨が襲って、そのたびに河川から水が溢れて町が水浸しになったり、集落がのみ込まれたりする土砂災害が起きて大きな被害が出ている。そうした各地の被災地を取材して気がつくことは、ほぼ同じような被害が場所を変えて起きているということだ。つまり豪雨の降る場所が変わることで被害を受ける地域は変わっても、同じように一級河川や中小河川の決壊や氾濫が起き、山間の渓流や住宅の裏山などで土石流やがけ崩れなどの土砂災害が発生するといった被害状況を目の当たりにし、これもまた同じように住民の避難が進まないといった課題が残された。そのため災害後には防災や気象の専門家による国の検討会が開かれ、防災気象情報や避難情報の見直し、それに運用の仕方や住民の避難のあり方が議論されてきた。そうした多くの検討会に委員として参加してきたが、教訓をなるべく早く形にするために、まるで傷口に大慌てで絆創膏を張るような短時間の議論で報告書がまとめられることが多かった。そしてＮＨＫ時代に私が感じていたのは、抜本的に災害と情報の問題を考えなくてはいけない時期にきているのではないか、という思いだったと気づいた。

そもそも雨の災害は、段階を踏みながら危険性が高まっていくという特徴を持っているから、危険が迫った地域とそこに住む住民に危険が迫っていることを情報で知らせ、その危機感を避難に結びつけることができれば被害を軽減することができるはずだ。30年以上災害と情報の関りを取材し、テレビやラジオの放送で伝える立場にもいて、きめ細かい情報を、正確に、迅速に、そして分厚く伝えることで住民の避難を促すことができると信じてきた。

ところがそうした災害情報が何年経っても住民の避難に結びつかないのはどうしてなのだろうか。なぜ整備が進んだ洪水や土砂災害のハザードマップは住民に見てもらえないのだろうか。

どうしたらテレビやラジオが伝える防災気象情報や市町村の避難情報を自分のこととして受け止めてもらえるのだろうか。

ＮＨＫ時代に感じたそうした疑問や迷いも、学生に災害情報の特徴や役割、課題などをきちんと伝えることができれば、次第に情報を防災に生かせるように社会を変えていくことができるのではないかという期待を持つようになった。学生に豪雨災害の被害の特徴や防災対策について伝えようとすると、様々な状況を整理して話すようにしないとわかってもらえないが、そこには大きな充実感もある。学生たちが真摯に問題を捉え、素直な気持ちで理解してくれることで、彼らを中心に社会全体が変わっていくのではないかという気分になってくるのだ。防災教育が生かされ、社会が変わっていくというのはそういうことなのかもしれない。災害情報には命を救う力があることを学生に伝えていくことで、ゆっくりではあっても着実に社会が変革していく希望があるのだ。

そこでこれまでの自分の考えや思いをすべて吐露する気持ちで文章をまとめてみた。以下にこの本の組み立てを整理しておく。

第1章では、防災気象情報の変遷を整理しながら、わかりやすい防災気象情報とはどのような情報なのかを考えてみた。第2章では、災害情報を伝えることに大きな役割を担っている災害報道と災害の取材について、第3章ではここ10年ほどの間に起きた豪雨災害の被害の特徴とその災害が防災に突きつけた課題について、第4章では今後の防災対策が踏まえる事柄について、そして第5章では情報を防災に生かすための視点や方策を書いた。

それぞれの章の冒頭には、その章の内容を象徴するような災害の特徴を記した。それらの災害の現場に立ち会っているような気分で読んで欲しい。そしてその後の対策や今後の課題を私と議論するような思いで読んでもらえるとありがたい。私の思いがどのくらい伝わるか不安だが、気になる部分だけでも目を通していただき思いを共有していただければ幸いである。

目次

第1章　わかりやすい情報を目指す

第1章に関連する災害「平成30年7月豪雨（西日本豪雨）」（２０１８年7月5日～8日）

２０１８年（平成30年）６月28日から7月8日にかけて、梅雨前線が西日本付近に停滞し、西日本から東海地方にかけての広い範囲で記録的な豪雨が続いた（写真1）。気象庁は「数十年に一度の大雨により甚大な災害が予想される」として、京都、愛媛、広島、岡山、京都など1府10県に「大雨特別警報」を発表した。愛媛県の肱川や岡山県の小田川など1級河川が決壊したほか、広島県などで大規模な土砂災害が発生し、合わせて２７１人の死者・行方不明者を出した（消防庁第60報）。平成以降最大の豪雨災害で、気象庁は「平成30年7月豪雨」と名前をつけた。

この災害で特徴的だったのは、市町村から避難の情報が出されても実際に避難する人が少なかったことだった。市町村が避難を呼びかけた住民は約８６３万人にのぼったが、実際に避難が確認された人は4万人強だった。もし情報を受けた住民がきちんと避難していたら、これほど大きな被害にはならなかっただろうというのが、国の大きな反省材料となった。災害時の避難に関わる情報は出すだけではなく、きちんと避難につながらなくてはいけないということを強く社会に印象付けた災害となった。災害後、国は情報の出し方をさらに工夫していくことになる。こうして毎年のように新しい情報が作られたり、出し方が工夫されたりして、危険が迫った人に避難を促すこととなっていく。この章では防災気象情報を中心に国や市町村の情報の出し方がどうなっているか、そしてそもそもこれまでどのように災害時の情報は出されてきたのか、主に災害時の情報を出す立場から検証し、課題を考えていく。（この本で「災害情報」という言葉は、防災気象情報や市町村が発表している洪水や土砂災害のハザードマップの情報、災害の危険が迫った時の避難情報、それにメディアが伝える情報など、災害に関わる様々な情報全体を意味している。）

写真1　平成30年7月豪雨（西日本豪雨）の被災地
（広島県東広島市、筆者撮影）

1・防災気象情報がわかりにくい

雨による災害は情報を生かすことで被害を減らすことができると考えられる。理由は地震などと違って段階を踏んで危険性が増していくからだ。地震なら揺れ始めてから1分で住宅が倒壊することがあるが、雨が降り始めて1分で大きな河川が溢れたり、決壊したり、大規模な斜面崩壊が起きることはまずない。大雨が降り続くことで河川の水位が上がり、斜面に浸みこんだ水分の量が多くなって崩れやすくなり、やがて河川が溢れたり、決壊したり、斜面が崩壊して土砂崩れが起きたりするからだ。したがって危険が迫った地域の自治体と住民に危険が迫っていることを、情報で知らせて避難を進めることができれば被害を減らすことができる。そこでこのところ毎年のように新しい防災気象情報が作られ、運用の工夫が行われている。

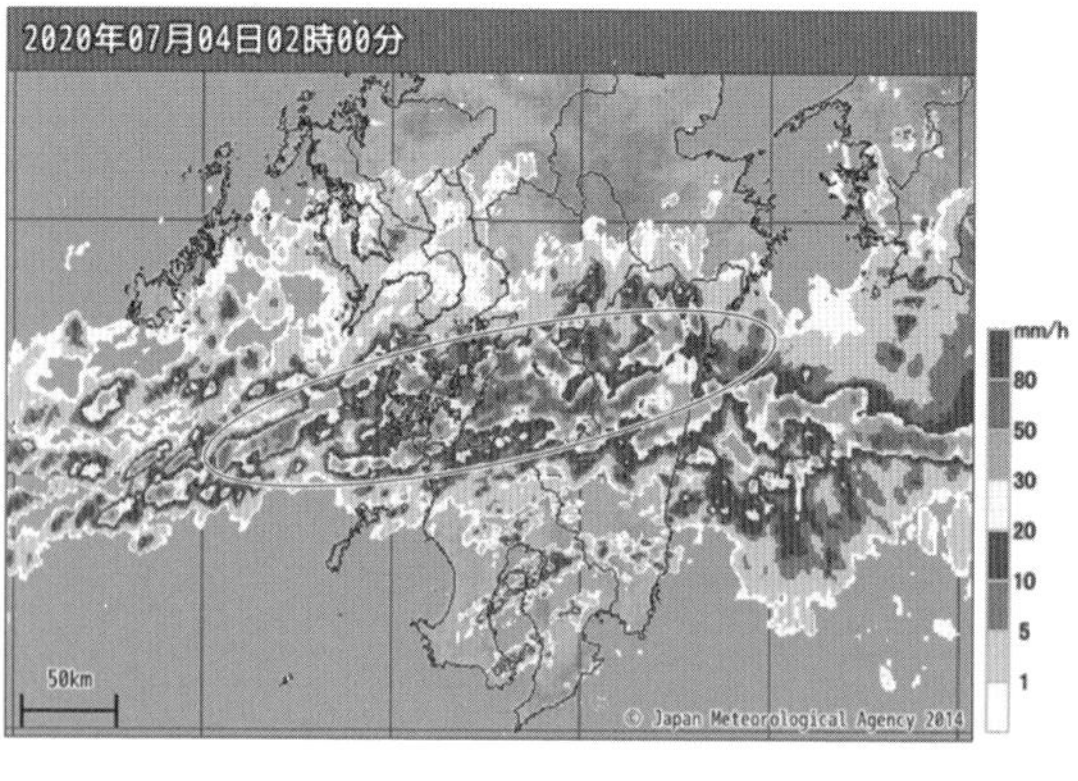

図1　令和２年７月豪雨で観測された線状降水帯（気象庁）

《線状降水帯の予測情報》

２０２２年（令和４年）から「線状降水帯」の発生を予測する情報が発表されるようになった**（図１）**。

大雨をもたらす積乱雲が帯状に連なって発達する「線状降水帯」の発生が確認された際、気象庁は２０２１年（令和３年）から「顕著な大雨に関する情報」を発表してきた。それは２０２０年（令和２年）７月の豪雨のデータを解析したところ、熊本県の球磨川が氾濫する３時間半ほど前には線状降水帯が発生していたことがわかったからで、「線状降水帯」による大雨が確認された際に「顕著な大雨に関する情報」を発表して自治体や住民に厳重な警戒を呼びかけることにした。全国の20か所の気象レーダーで雨雲を観測し「３時間の積算降水量が１００ミリ以上、面積が５００平方キロメートル以上」などの基準を満たした場合に情報を発表する。具体的には「〇〇地方では、線状降水帯による非常に激しい雨が同じ場所で降り続いています。命に危険が及ぶ土砂災害や洪水による災害発生の危険度が急激に高まっています」といった内容だ。そして２０２２年（令和４年）の６月１日からは発生の恐れがある場合にも情報が発表されることになった。対象は「北海道」「東北」「関東甲信」「東海」「北陸」「近畿」「中国」「四国」「九州北部」「九州南部」「沖縄」の11の地方ごとで、気象庁のホームページなどで見ることができる「気象情報」の中に盛り込む形で、「半日前から６時間前」に発表される**（図２）**。

気象庁はこの予報のために、上空の水蒸気を観測することができるマイクロ波放射計を西日本を中心に17か所設置するほか、２隻の観測船に加え、海上保安庁の測量船16隻、定期運航しているフェリーや貨物船に水蒸気を観測できる船舶用のGNSS（GPSを含む人工衛星で位置を調べることができる仕組みの総称）を搭載して観測を強化するという。また世界最高性能のスーパーコンピュータ「富岳」を使って予報モデルのリアルタイムシミュレーション実験も実施するとしている。そして情報を発表する地域も徐々に詳細にしていき、２０２４年（令和６年）には都道府県単位で、２０２９年（令和11年）には市町村単位での発表を目指すとしていて、情報を生かして深夜や未明の状況を予想して早めの避難に役立てて欲しいとしている。

大雨に関する○○地方気象情報　第○号
○年○月○日○○時○○分　○○気象台発表

<見出し>
○○地方では、○日夜には、線状降水帯が発生して大雨災害発生の危険度が急激に高まる可能性があります。

<本文>
…（中略）…

［量的予想］
<雨の予想>
○日○時から○日○時までに予想される２４時間降雨量は、いずれも多い所で、
○○県　　○ミリ
○○県　　○ミリ
○○県　　○ミリ
の見込みです。
線状降水帯が発生した場合は、局地的にさらに雨量が増えるおそれがあります。
…（中略）…

［補足事項］
今後発表する防災気象情報に留意してください。
次の「大雨に関する○○地方気象情報」は、○日○時頃に発表する予定です。

図２　線状降水帯の半日前予報の例（気象庁）

気象庁が線状降水帯についての情報を予測の段階から発表しようとしているのは、最近の災害で線状降水帯の発生によるものが目立つからだ。気象現象はごく小さなミクロな大気の乱れから偏西風の流れをブロックして、寒気の流れや大きさに影響を与えるブロッキング高気圧のようなマクロな現象まで様々だ。この中で積乱雲は空間スケールが約10キロで２時間から３時間持続する現象だが、線状降水帯はこの積乱雲が20キロから50キロの幅で次々に発生し、長さ１００キロ以上にも連なって、同じ場所で長時間にわたって豪雨をもたらす現象だ**（図３）**。

　豪雨の降り方には大きくいって２つのタイプがある。一つは大きく発達した積乱雲の塊が降らせる局地的な比較的短時間の豪雨で、１９９９年（平成11年）６月と２００３年（平成15年）７月の２回、福岡県を流れる御笠川を氾濫させ博多駅が浸水して地下にいた人が逃げ遅れて亡くなった時や、２００８年（平成20年）７月に神戸市の都賀川の水位が一気に上昇し水遊びをしていた子供が犠牲になったり、８月に東京・豊島区雑司ヶ谷で下水道工事をしていた作業員が流された時などの雨の降り方で、従来の

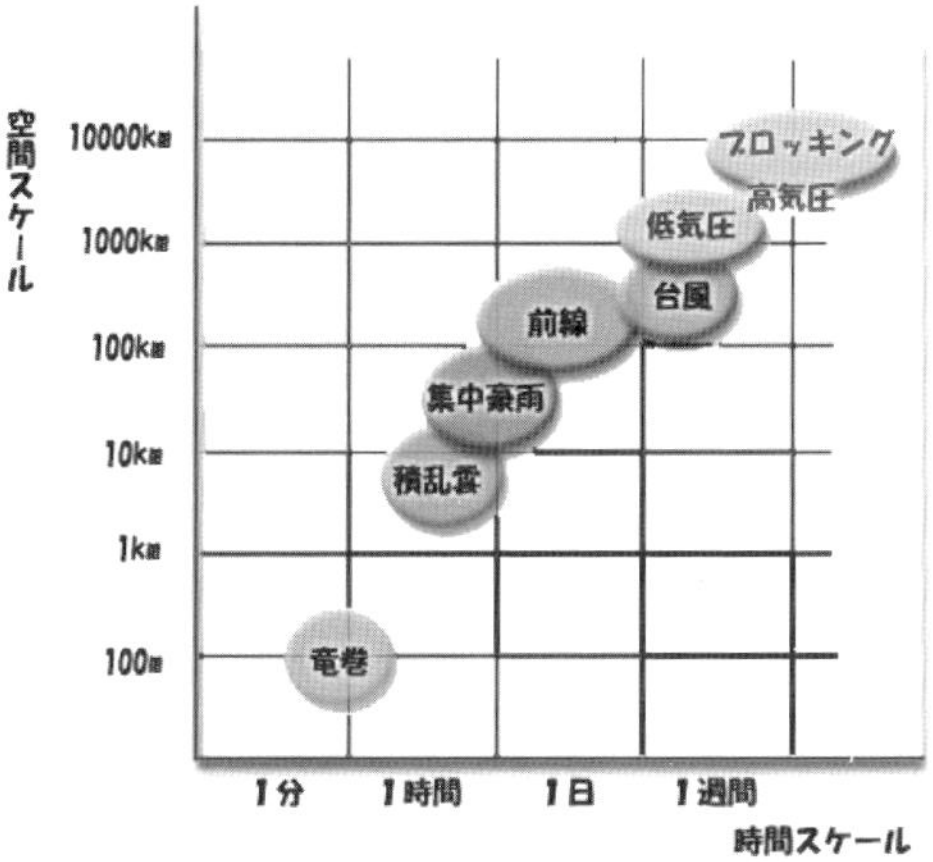

図３　気象現象の空間・時間スケール（気象庁）

災害ではこのタイプの降り方が多かった。

ところが最近の災害で目立つのは、もう一つの線状降水帯によるタイプで、広範囲に長時間の豪雨をもたらす。２０１５年（平成27年）９月に茨城県の鬼怒川が決壊した「平成27年関東・東北豪雨」や福岡県朝倉市で３０人以上が犠牲になった２０１７年（平成29年）７月の「平成29年九州北部豪雨」、それに広島県や岡山県など西日本の広い範囲で河川の氾濫や土砂災害が起き、２００人以上の犠牲者を出した２０１８年（平成30年）の「平成30年７月豪雨（西日本豪雨）」などの雨だ。

やっかいなことに、豪雨による被害はとりわけコンクリートに覆われた都市部では短時間の豪雨でも発生するし、長時間続けば都市部以外でも河川の氾濫や土砂災害が深刻化することになる。一刻を争う災害時に、「線状降水帯」の危険性を数時間前に呼びかける情報が出るのは観測の成果だ。問題はこの情報を自治体や住民が防災に生かせるかどうかだ。

《２０２２年から変わった防災気象情報の動き》

２０２２年（令和４年）から新しくなったのは、線状降水帯の情報だけではない。

２０２１年（令和３年）に「キキクル」と愛称が決められた大雨による災害発生の高まりを地図上で確認できる「危険度分布」の色使いが、内閣府の大雨警戒レベルと同じ色使いに改められた。最も危険性が高い警戒レベル５は「黒色」で、それに次ぐ警戒レベル４はこれまで濃い紫色と薄い紫色の2色が使われていたが「紫色」一色に改められた。警戒レベル3の「赤色」、警戒レベル2の「黄色」、警戒レベル1の「白色」はこれまでどおりだ。

「危険度分布」は自分の住んでいる地域の危険性の高まりを知ってもらおうというもので、土砂災害、浸水、洪水の3つの種類がある。このうち「土砂キキクル」は土砂災害の危険度の高まりを1キロ四方のメッシュごとに示し、10分ごとに更新される。「浸水キキクル」は一時間先までの雨量予測をもとに浸水被害発生の危険度が確認できる。そして「洪水キキクル」は3時間先までの流域雨量の予測をもとに中小河川の洪水の危険性を示すもので、短時間の急激な増水を事前に確認できるとしている。

他にも情報の改善や変更が行われた。気象庁と国土交通省は河川の氾濫の危険性を知らせるために、あらかじめ指定した河川の水位の予報を行っているが（指定河川洪水予報）、2022年（令和4年）から市町村が避難指示を発表する目安となる警戒レベル4に相当する「氾濫危険水位」に3時間以内に到達すると予測された場合にも情報が発表されることになった。また浸水の恐れが高まった時に発表される大雨特別警報（浸水害）は、危険度判定をこれまでの5キロ四方から1キロ四方に変更し、新たに島しょ部にも発表される。さらにこれまで海岸沿いの自治体を対象に発表されていた高潮警報が、川を遡上して被害が出る恐れがあるとされる東京都目黒区と新宿区、愛知県豊明市、一宮市、津島市、稲沢市、安西市、清須市、北名古屋市、大府市、あま市、安城市、知立市、豊山町、大治町、蟹江町、阿久比町、大阪府豊中市、吹田市、和泉市、愛媛県藍住町など合わせて21の区市町に発表されるようになった。

【2022年からの防災気象情報の動き】

△**線状降水帯の情報**（6月1日から）
・従来は発生の確認後に「顕著な大雨に関する情報」
・半日から6時間前に予測の段階でも発表
△**キキクル**（危険度分布・6月30日から）
・色使いを内閣府の大雨警戒レベルと同じに
△**氾濫危険情報**（6月13日から）
・3時間先までの予測でも発表（国管理298河川）
△**大雨特別警報**（浸水害・6月30日から）
・判定を5キロ四方から1キロ四方へ
・島しょ部にも発表
△**高潮警報**（5月26日）
・内陸の全国21の区市町でも発表

《次々作られてきた防災気象情報》

ここで防災気象情報の変遷を振り返っておきたい。気象庁は大きな災害が発生すると、その要因となった現象に着目して新たな気象情報を作ってきた。1982年（昭和57年）の長崎豪雨では長与町役場に設置された雨量計で日本観測史上最高の187ミリという1時間雨量が観測されたのを受けて、「大雨警報」よりも危険性が高いことを伝える「記録的短時間大雨情報」が1984年（昭和59年）にできた。同じように長崎豪雨をきっかけに検討が進められた土砂の情報は、1999年（平成11年）の広島市の土砂災害の後の2005年（平成17年）、都道府県の砂防部局と共同で発表する「土砂災害警戒情報」として発表されるようになった。また2006年（平成18年）の北海道佐呂間町の竜巻災害をきっかけに、2008年（平成20年）に「竜巻注意情報」が新設された。さらに2011年（平成23年）の台風第12号による紀伊半島豪雨を受けて、2013年（平成25年）に「大雨・洪水の特別警報」が導入された。

このほかに2002年（平成14年）5月からは、気象庁が国土交通省や都道府県の河川管理部門と共同で河川の増水や氾濫の危険性を知らせる「指定河川洪水予報」で4段階での発表が始まった。1段階目は河川の周囲にいる人にその後の情報への注意を求め、水防団が出動する「○○川氾濫注意情報」、2段階目がこのまま雨が降り続くと河川が氾濫する恐れがあることを伝える「○○川氾濫警戒情報」、3段階目はいつ氾濫が起きてもおかしくない状態になった際の「○○川氾濫危険情報」、そして4段階目が氾濫が発生し大きな被害が発生する恐れがあることを知らせる「○○川氾濫発生情報」で、全国109の一級水系の河川などで発表されている（図4）。

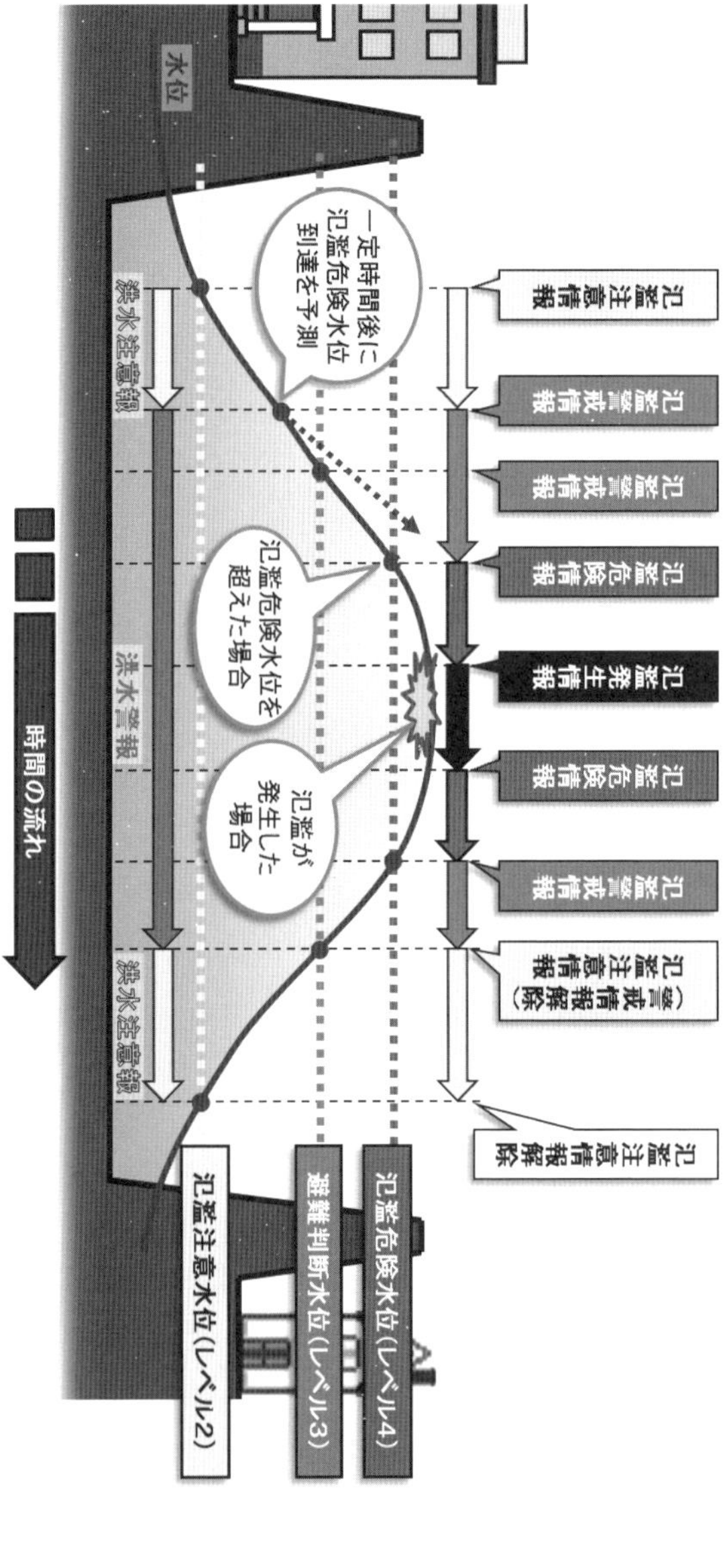

図4　指定河川洪水予報（気象庁）

さらに2006年（平成18年）からは大雨による土砂災害発生の危険度を地図上で5段階の色分けで示す「土砂災害メッシュ情報」が始まり、2017年（平成29年）からは3時間先までの雨量の予測を用いて、中小河川の急激な増水の危険度を地図上で5段階の色分けで示した「洪水警報の危険度分布」が発表されるようになった。加えて市町村からは「高齢者等避難」や「避難指示」などの避難情報が発表される。

観測や解析、それに予報の技術の進展にともなって一つひとつの現象に対してきめ細かい情報が出せるようになり、それぞれの情報に精通していれば、災害発生の危険性は以前に比べてよくわかるようになった。しかし気象や防災のプロではない多くの自治体の防災担当者や住民にとっては、情報が複雑になったばかりではなく、それぞれの情報の関連が判断しにくくなり危険度が理解しにくくなってしまった。

【災害を契機に新設された主な防災気象情報】

・**長崎豪雨**（1982年）
　↓　記録的短時間大雨情報発表（1984年）
・**広島市と呉市の土砂災害**（1999年）
　↓　土砂災害警戒情報発表（2005年）

・北海道佐呂間町の竜巻災害（2006年）
　↓　竜巻注意情報発表（2008年）
・紀伊半島豪雨（2011年）
　↓　特別警報を発表（2013年）
・球磨川が決壊した令和2年7月豪雨（2020年）
　↓　顕著な大雨に関する情報発表（2021年）

2・始まった防災気象情報の5段階の警戒レベル化

こうして防災気象情報はきめ細かくなってきたのだが、大雨の時の防災気象情報が多すぎてわかりにくいという声は住民ばかりでなく市町村の防災担当者からも寄せられるようになってしまう。そこで国は2019年（令和元年）5月29日から防災気象情報のレベル化を始めた。たとえ一つひとつの情報にわからないものがあったとしても、「レベル4で全員避難」と位置付けたのだ。防災気象情報にとって最も重要なのが避難すべきかどうかの判断だからだ（**図5**）。

警戒レベルは5段階で数字が大きくなるほど危険度が高い。レベル1は「数日以内に大雨が予想されるときで、災害への心構えを高める」。レベル2は「注意の呼びかけで、ハザードマップなどで避難行動を確認する」。レベル3は「避難準備の段階で、高齢者や障がい者などは避難を開始する」。レベル4は「速やかに避難してただちに命を守る行動をとる」。レベ

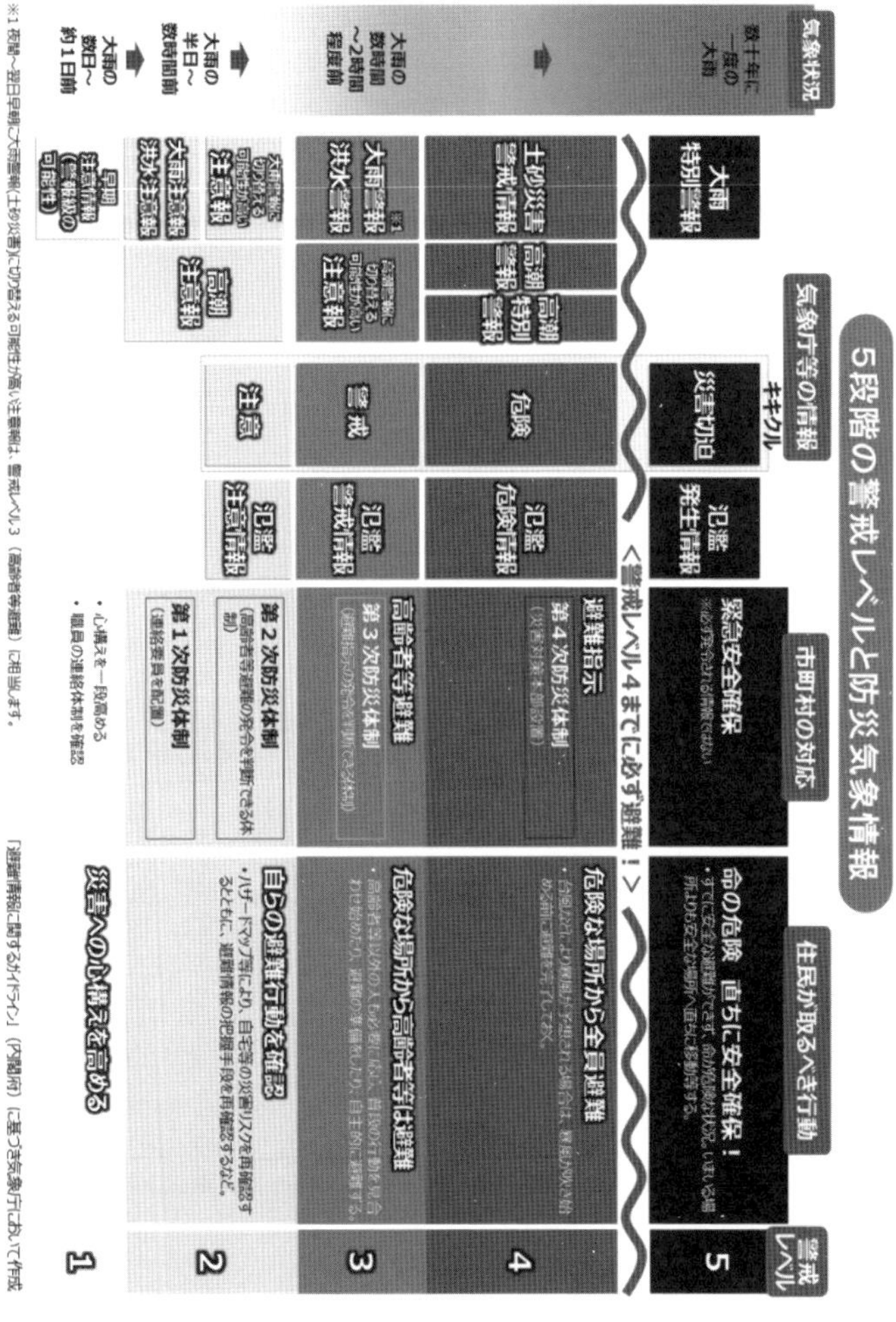

図5　5段階の警戒レベル　（気象庁）

ル５は「災害の発生で命を守る最善の行動をする」となっている。

ポイントは気象の情報、河川の水位の情報、市町村の避難情報のすべてを、危険度に応じてそれぞれ数値によるレベルに位置づけたことだ。たとえば大雨・洪水警報はレベル３、土砂災害警戒情報や氾濫危険情報、それに避難指示はレベル４、特別警報はレベル５だ。そのうえで河川の氾濫でも土砂災害でも、危険な場所に住んでいる住民全員の避難のタイミングを「レベル４」に統一した。

確かに防災気象情報の表を見ると、それぞれの情報がどの程度の危険度を伝え、他の情報とどのような関りがあるのかはわかるようになったが、災害時にこの表を見ながらテレビやラジオのニュースを聞いているわけにはいかないだろう。また情報の数が増えたわけではないが、レベル化が加わったことで情報量は増える結果になった。

《５段階警戒レベル化の効果》

防災気象情報の５段階の警戒レベル化が始まった２０１９年（令和元年）10月、千曲川が決壊するなどして東日本を中心に大きな被害を出した令和元年台風第19号（東日本台風）災害の後、内閣府が全国の市町村の危機管理部局等にアンケート調査したところ、情報のレベル化には「メリットある」と答えたところが73・５％あった。主な内訳は「避難情報の切迫度を住民に伝えやすくなった」65・４％、「取るべき行動を住民に伝えやすくなった」56・２％、「気象や河川水位の情報との相関がわかりやすくなった」35・7%、「早めの避難行動をとる人が増加した」20%という結果でおおむね好評だった。また東日本台風で被害を受けた市町村の住民3、000人余りに聞いた調査でも、情報のレベル化を知っていた人は90%を超え、「非常にわかりやすくなった」との答えが11・9%、「どちらかといえばわかりやすくなった」が55・1%で、合わせると7割近い人が「わかりやすくなった」と回答した。

同じ年の7月、梅雨前線の活動が活発になって鹿児島市で降り始めからの雨量が659ミリに達する大雨になった際、鹿児島市は新しいレベル化の情報により、7月3日午前9時35分に市内全域の住民に「避難指示」を発令し、避難を呼びかけた。

その際の住民の避難状況について、特定非営利活動法人「環境防災総合政策研究機構 CeMI環境・防災研究所」が20歳以上の鹿児島市の住民500人にインターネットを使ってアンケート調査したところ、7月3日に避難指示の発令後に「指定避難所に避難した」人は全体の1・4%、「自分が安全と思う場所に避難した」人は7・8%で住民の避難状況は低調だった。

一方、導入された「防災情報のレベル化を災害の前から知っていた」は半数近い43%、「レベル化で危機感が伝わりやすくなった」との回答は62%で、防災情報のレベル化については効果を感じた住民が多かった。

鹿児島市の避難情報が住民の避難に結びつかなかった大きな要因は、情報の出し方に問題があったからだ。鹿児島市は「市内全域」の住民を対象に避難情報を発令したが、内閣府の「避難情報に関するガイドライン」（令和3年5月）では住民が適切な行動が取れるようにするためには、「対象区域を可能な限り絞り込むことが重要である」としている。その理由として、安全な地域の住民までもが指定避難所に避難を始めた場合、混雑や交通渋滞が発生したり移動中に災害に見舞われるおそれがあること、市内全域という漠然とした発令だと、危険性が低いところまで対象地域としていると受け止められ、避難情報に対する信頼性を損ねるおそれがあるなどとしている。

過去の大雨災害でも市町村が全域に避難情報を出したことがあったが、緊急性を優先したとはいえ、住民は自分が対象になっているのかどうかがわかりにくいうえに、河川の氾濫や土砂災害の危険性が少ない場所やマンションの上の階などに住んでいてすぐに避難する必要が少ない住民はどのように対応していいか迷ってしまうことになり、結果として避難情報が生かされないことになってしまう。

情報を使って住民の避難を進めるためには、どのような時に、どの地域の住民に避難を呼びかけるのかという市町村の側の事前の準備が必要だということがわかる。

《市町村の避難情報の一本化》

次に市町村が発令する避難情報の変遷を振り返っておく。災害が発生する危険が迫った際に、「避難勧告や避難指示」という言葉で市町村が住民に避難を呼びかける制度は、5、000

人以上の犠牲者がでた１９５９年（昭和34年）の伊勢湾台風をきっかけに、１９６１年（昭和36年）の「災害対策基本法」によって作られた。避難情報の見直しが行われるようになったのは２０００年（平成12年）以降のことで、２００４年（平成16年）の新潟・福島豪雨で高齢者を中心に16人が犠牲になり、翌２００５年（平成17年）から「避難準備情報」が導入された。そして２００９年（平成21年）の台風第９号で兵庫県佐用町の住民が避難の途中に用水路に落ちて亡くなるなどの被害が相次いだことから、２０１３年（平成25年）に災害対策基本法が改正され、自宅の２階以上などに逃げる「屋内安全確保（垂直避難）」が盛り込まれた。また２０１６年（平成28年）に観測史上初めて東北地方の太平洋側に上陸した台風第10号で、岩手県岩泉町の高齢者施設で入所者９人が死亡した被害を受けて、翌２０１７年（平成29年）に「避難準備情報」の名称が「避難準備・高齢者等避難開始」に変更された。さらに２０１８年（平成30年）には平成の豪雨災害としては最悪の２００人以上が犠牲になる西日本豪雨が発生し、翌２０１９年（平成31年）から災害発生の危険度を５段階の数字で示す「警戒レベル」が導入された。

【避難情報の変遷】

1959年（昭和34年）　伊勢湾台風（5、000人以上の死者・行方不明者）
1961年（昭和36年）　「災害対策基本法」制定（市町村長に避難勧告と避難指示の発表権限）
2004年（平成16年）　新潟・福島豪雨（高齢者を中心に16人死亡）
2005年（平成17年）　「避難準備情報」導入
2009年（平成21年）　台風第9号（兵庫県佐用町で避難途中の犠牲者相次ぐ）
2016年（平成28年）　台風第10号（岩手県岩泉町の高齢者施設で9人死亡）
2017年（平成29年）　「避難準備情報」が「避難準備・高齢者等避難開始」に名称変更
2018年（平成30年）　西日本豪雨（200人以上の死者・行方不明者）
2019年（令和元年）　情報の危険性を1から5までの数字で示す「警戒レベル」導入
2019年（令和元年）　台風第19号（東日本台風・100人以上の死者・行方不明者）
2021年（令和3年）　「避難勧告」と「避難指示」が「避難指示」に一本化

2021年（令和3年）5月まで、市町村が発令する避難情報には「避難準備・高齢者等避難開始」、「避難勧告」、「避難指示」の3つの段階があった。1段階目の「避難準備・高齢者等避難開始」は多くの人に避難の準備をしてもらうとともに、高齢者や体の不自由な人など避難に時間のかかる人は避難を開始するタイミングであることを伝える情報だ。2段階目は「避難勧告」で災害の危険が迫っている人に速やかな避難を呼びかける情報、そして3段階目が「避難指示」で災害が発生する危険性が極めて高くなり、まだ避難していない人に重ねて避難を強く呼びかける情報だった。

問題は防災情報のレベル化によって「避難勧告」と「避難指示」の2つが同じレベル4に位置付けられたことだった。レベル5が既に災害が発生していてもおかしくなく安全に避難できる段階を過ぎている段階と位置付けられた以上、危険な地域にいる住民に避難を呼びかける2つの情報はレベル4に位置付けられざるを得なかった。市町村の中には「避難勧告」で危険な地域からの全員避難を呼びかけ、何らかの事情で避難が遅れたり、避難しなかったりした人に再度避難を強く呼びかけるめの「避難指示」とを使い分けているところもあったが、多くの市町村は災害の危険性の切迫度に応じてその都度使い分けるといった対応になっていた。

2019年（令和元年）の「東日本台風」で、気象庁は東京や長野、福島など1都12県に大雨特別警報を発表し最大級の警戒を呼びかけ、各市町村は最大で約797万人に避難勧告等を出したが、消防庁によると市町村の指定避難所に避難した住民は最大で約23・7万人で避難勧告等の対象となった住民の約3％しかいなかった。情報は住民の避難に結びつかなかったといっていい。

まず考えなくてはいけないのは発表された避難情報が住民にきちんと理解されていたかとい

うことだ。この年から5段階の防災情報のレベル化が導入されたが、内閣府が東日本台風の被災地の住民3,000人余りに聞いた調査では、「避難勧告」と「避難指示」の2つの情報の意味を正しく理解していた人は17・7%しかいなかった。また全国の1,740の市町村に聞いた調査でも、「警戒レベル4の中に避難勧告と避難指示の2つの情報が入っていてわかりにくい」という意見が7割近い68・4%に達し、「2つの情報の違いが住民に理解されていない」という意見が44・4%もあった。つまり市町村が出した避難情報の危機感は正しく伝わっていなかったということになる**（図6、7）**。

この苦い反省から2021年（令和3年）5月20日から避難情報が変更された。レベル3は誰が何をすべきかがあいまいな「避難準備」をなくし、情報の対象を絞って高齢者等のいち早い避難につなげるために「高齢者等避難」に変わった。またレベル4では2つの情報の違いが

<分析・考察>

- 避難勧告は「避難を開始すべきタイミングであり速やかに避難する」、避難指示（緊急）は「避難を開始すべきタイミングを過ぎており身の安全に配慮しつつ速やかに避難する」が正しい回答
- 正しく認識していた人はいずれも4人に1人程度であった。
- 避難指示（緊急）については「避難を開始すべきタイミングであり速やかに避難する」と誤って認識している人が25.4%と一番割合として多かった。
- 避難勧告及び避難指示（緊急）の両方を正しく認識していたのは17.7%であった。

図6　住民アンケート（内閣府「令和元年台風第19号等を踏まえた水害・土砂災害からの避難のあり方について」報告書）

わかりにくいので「避難勧告」を廃止して、「避難指示」に一本化された。さらにレベル5の「災害発生情報」は取るべき行動がわかりにくいとして「緊急安全確保」に変わった。市町村が出す避難情報が変わったのは1961年（昭和36年）に災害対策基本法ができて以来60年ぶりのことだった（図8）。

3・災害情報に求められるもの

こうして様々な災害情報が発表され、その都度改善や工夫が試みられてきたが、情報によって住民の避難に結びつけるという目標にはまだ届いていない。最近の豪雨災害でも情報がでても住民の避難が進まない状況が続いている。200人以上が犠牲になり平成以降最大の豪雨

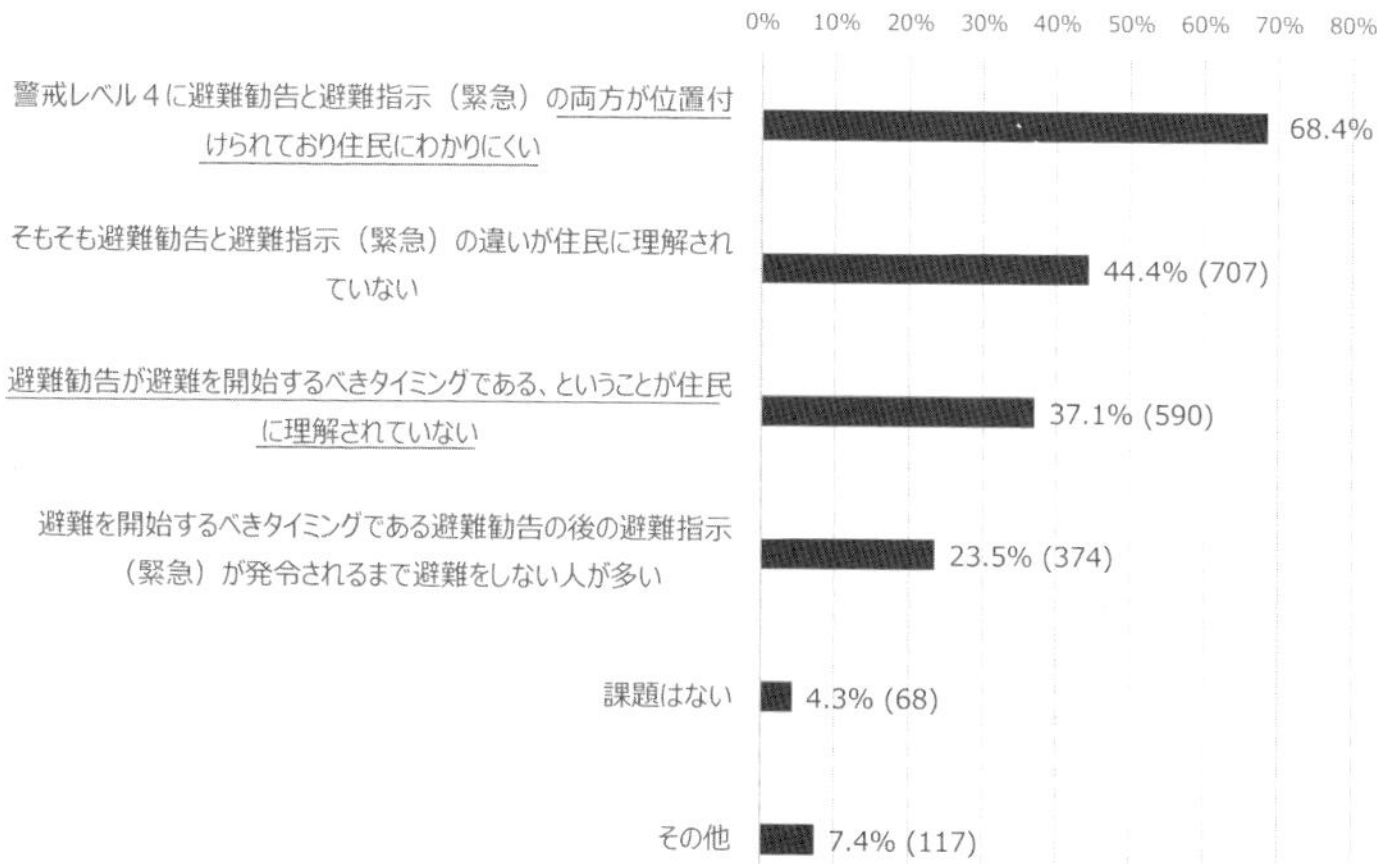

図7　自治体向けアンケート（内閣府「令和元年台風第19号等を踏まえた水害・土砂災害からの避難のあり方について」報告書）

災害となった２０１８年（平成30年）７月の西日本豪雨で、気象庁は11の府県に大雨の特別警報を発表し、最大級の警戒を呼びかけた（**写真２**）。また九州、四国、中国、近畿、東海、北陸の21府県の１０９市町村が避難指示を、20府県の１７８市町村が避難勧告を発表した。総務省消防庁のまとめでは避難指示と避難勧告を合わせた対象者は約８６３万人にのぼったが、市町村が指定する避難所に避難した人は約４万２、２００人で、全体の０・５％ほどしかいなかった。２０１９年（令和元年）10月の東日本台風でも住民の避難

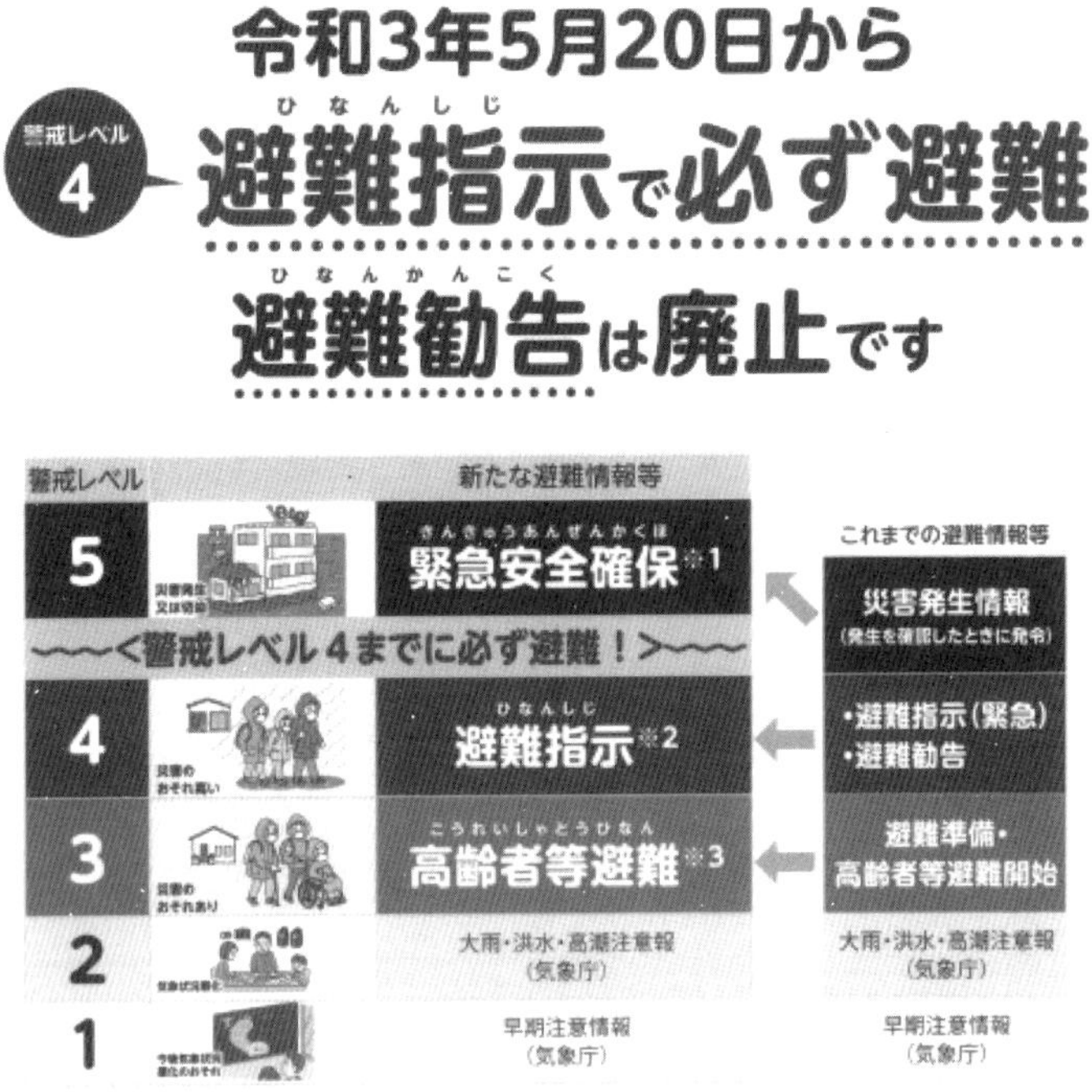

図８　新しい避難情報のチラシ（内閣府）

が低調な傾向は同じだった。気象庁は東京や長野、福島など1都12県に大雨特別警報を発表し、各市町村が約797万人に対して避難勧告と避難指示を出したが、指定避難所に避難した人は約23万7、000人で対象となった住民の約3％だった。

もっとも指定避難所に行くことだけが避難ではないから、安全な知人や親戚の家などに避難した人もいたと思われるが、その後に亡くなったり、救出されたりした人たちの状況をみると、全体として住民の避難は低調だったといっていい。気象庁や市町村が出した情報は十分に避難に生かされなかったのだ。

その要因としてまず指摘したいのは情報がわかりにくいことだ。

多くの情報は「何を」「どう」伝えるかが問われるが災害情報にはその先がある。「どう生かされたか」が重要だからだ。したがって災害情報は「伝えた」かよりも「伝わった」かが問われなくてはいけない。その観点から現在の災害情報を点検していきたいと思う。

写真2　西日本豪雨の被災地（広島県東広島市、筆者撮影）

《災害情報を考えるうえで踏まえるべき3つの前提》

災害情報には前提として、どうしても踏まえておかなくてはいけないことがある。大きなポイントを3つ指摘したい。一つ目は災害情報は頻繁に目にしたり、耳にしたりする情報ではないということだ。二つ目は専門知識があるところから、専門知識がなかったり少なかったりするところへ伝えられるということ。三つ目は比較的安全で時間的なゆとりがあるところから、危険が迫っていて時間的な余裕がなかったり、少なかったりするところへ伝えられるということだ。一つずつみていこう。

一つ目の災害情報は頻繁に目にしたり、耳にしたりする情報ではないというのは、災害情報は災害の危険性が高まった時に発表される情報だということだ。日ごろからなじみのある天気予報などと違って、めったに目にしたり、耳にしたりしない情報によって、時には即座に行動することが求められることになる。

二つ目は専門知識があるところから、専門知識がなかったり少なかったりするところへ伝えられるというのは、たとえば防災気象情報は気象の知識をふんだんに持った気象庁から、気象の専門家やプロではない市町村の防災担当の職員や普段は天気予報くらいでしか気象情報と向き合うことのない住民に向かって伝えられるということだ。また河川の氾濫危険情報や土砂災害警戒情報も、気象庁と河川と洪水や土砂災害の専門家集団である河川管理者や都道府県の砂防部局から市町村や住民に向かって発信される。

三つ目の比較的安全で時間的にゆとりがあるところから、危険がさし迫って時間的な余裕がなかったり少なかったりするところへ伝えられるというのは、今まさに数年に一度とか数十年に一度といった猛烈な雨が降って、河川の水位が堤防を超えそうなほど上がって氾濫や決壊の危険性が高まっていたり、地域にある崖や斜面で土砂崩れや土石流が発生しかねないところの市町村や住民に伝えられるということだ。災害の危険性が高まってきたときの市町村の防災部局はほぼ例外なく騒然としている。それは気象庁や都道府県から次々に情報が届き、市町村の各部局からの問い合わせや消防や消防団、さらには住民から道路に土砂が崩れたとか住宅地が冠水し始めたといった情報が次ぎ次にもたらされるからだ。しかもその状況の中でどの地域の住民に避難を呼びかけるのかを判断しなくてはいけない。そうした緊急時の判断を支援するための役割が災害情報には期待されているのだ。

これら3つの前提を踏まえると、災害情報はなによりも「わかりやすく」なくてはいけない。

《防災気象情報をわかりやすく》

風水害の発生の危機感の高まりを伝える様々な情報の中で、言うまでもなく、最も基本となる情報が防災気象情報だ。防災気象情報は市町村やメディアの防災対応のトリガーになっているし、企業や事業所、病院や学校や福祉施設、更には自治会や自主防災組織や住民が防災を考え、対応を始めるきっかけになるからだ。

大雨の際の防災気象情報の流れを整理すると、警報級の現象が5日先までに予想される時には、その可能性を「早期注意情報（警報級の可能性）」として発表される。可能性が高い時には［高］、可能性は高くないが一定程認められるときには［中］の二段階だ。そして大雨による土砂災害や浸水被害が発生するおそれがあると予想される場合には「大雨注意報」が発表され、大雨による重大な土砂災害や浸水被害が発生するリスクが予想される場合に「大雨警報」が発表される。「大雨注意報」は概ね大雨の半日から数時間前に、「大雨警報」は、概ね数時間から2時間ほど前に発表されるとされる。その後、命に危険を及ぼす土砂災害がいつ発生してもおかしくない状況になった時に「土砂災害警戒情報」が発表される。「土砂災害警戒情報」は市町村長が避難指示を発令する判断となる情報で、住民の自主避難を支援する情報でもある。対象となる市町村を特定して気象庁と都道府県の砂防部局が共同で発表している。5段階の防災気象情報のレベルでは、上から二番目の警戒レベル4、「危険なところにいる人が全員避難」に相当している。そして最後の段階で「大雨特別警報」が発表される。「大雨特別警報」は警報の基準をはるかに超える大雨が予想され、重大な災害が起こるおそれが著しく高まっている場合に最大級の警戒を呼びかけるために発表される。具体的には数十年に一度の降水量となる大雨が予想される場合で、気象庁は既に災害が発生していることも考えられ、「大雨特別警報」を聞いてから避難するのではなく、安全を確保した場所で受け取って欲しい情報だとしている。多くの人が警報や注意報を聞くと、それに合わせてなんらかの防災行動をとろうと考えるのは自然なことのように思われるが、大雨の特別警報だけは既に避難行動が終わっていることが求められるというのも情報と防災行動の関わりを難しくしている。大雨の特別警報は1階にいる人が2階に避難するくらいの切羽詰った〝命を守る〟ための行動しかとれない状況で発表されるということになる。

【大雨の時の防災気象情報の流れ】

・早期注意情報　大雨警報級になる可能性を予想（大雨の数日から約1日前）
・大雨注意報　大雨による土砂災害や浸水害の発生のおそれ（大雨の半日から数時間前）
・大雨警報　大雨による重大な土砂災害や浸水被害が発生するおそれ（大雨の数時間から2時間程前）
・土砂災害警戒情報　命に危険が及ぶ土砂災害がいつ発生してもおかしくない（気象庁と都道府県の砂防部局が共同して発表）

・大雨特別警報　数十年に一度の降水量となる大雨が予想される場合

こうした流れで大雨の危険性が高まった際の防災気象情報は発表されるが、実際には状況に応じて、このほかの情報も発表される。たとえば1時間の降水量が80ミリとか100ミリといった数年に一度しか発生しないような短時間の大雨を実際に観測したり、レーダーと雨量計のデータから解析したりした時に「記録的短時間大雨情報」が発表される。また雷注意報を補足する情報として、積乱雲の下で発生する竜巻などの激しい突風に対して注意を呼びかける「竜巻注意情報」もある。「竜巻注意情報」は発表から1時間の有効期間がある情報だ。さらに、この章の冒頭で書いた「線状降水帯」の発生を予測したり確認したりした場合に「顕著な大雨の情報」が発表される（図9）。

こうしてみてくると防災気象情報が次々に増えるにしたがって、よほど気象や気象情報に詳しい人でないと、それぞれの情報の違いやどの情報がどの程度の危機感を伝えているのかがわかりにくくなってきたことがわかる。

当初は「情報」「注意報」「警報」の順で危機感が強まっていることを伝えていたが、情報が増えるにつれて、「警報」よりも強い危機感を伝える「情報」もできた。また情報名もなじみにくい。たとえば「線状降水帯発生情報」や「線状降水帯発生予測情報」であれば「線状降水帯」が確認されたり、発生が予測されたことを伝える情報だと理解することができるが、「顕著な大雨に関する情報」では何を伝える情報なのかがわかりにくく、「顕著」という言葉の理解が受け手によって違ってしまう。さらに多くの人にとって区別のつきにくい情報もあって、「記録的短時間大雨情報」と「顕著な大雨の情報」の違いを正しく理解することは困難だ。

　観測や解析、それに予報の技術の進展にともなって雨の降り方や土砂災害や竜巻発生の危険性など様々な情報が出せるようになり、それぞれの情報に精通していれば災害発生の危険性はよくわかるようになった。しかし気象や防災のプロではない多くの自治体の防災担当者や住民にとっては、それぞれの情報の関連や危険度が理解しにくく使いにくい。つまり情報を自分の身に引き寄せて考えることができない。

　防災気象情報の重要性を踏まえるなら、情報はエンドユーザーである市町村や住民にとってわかりやすいものでなくてはいけない。実際の運用の状況をみてい

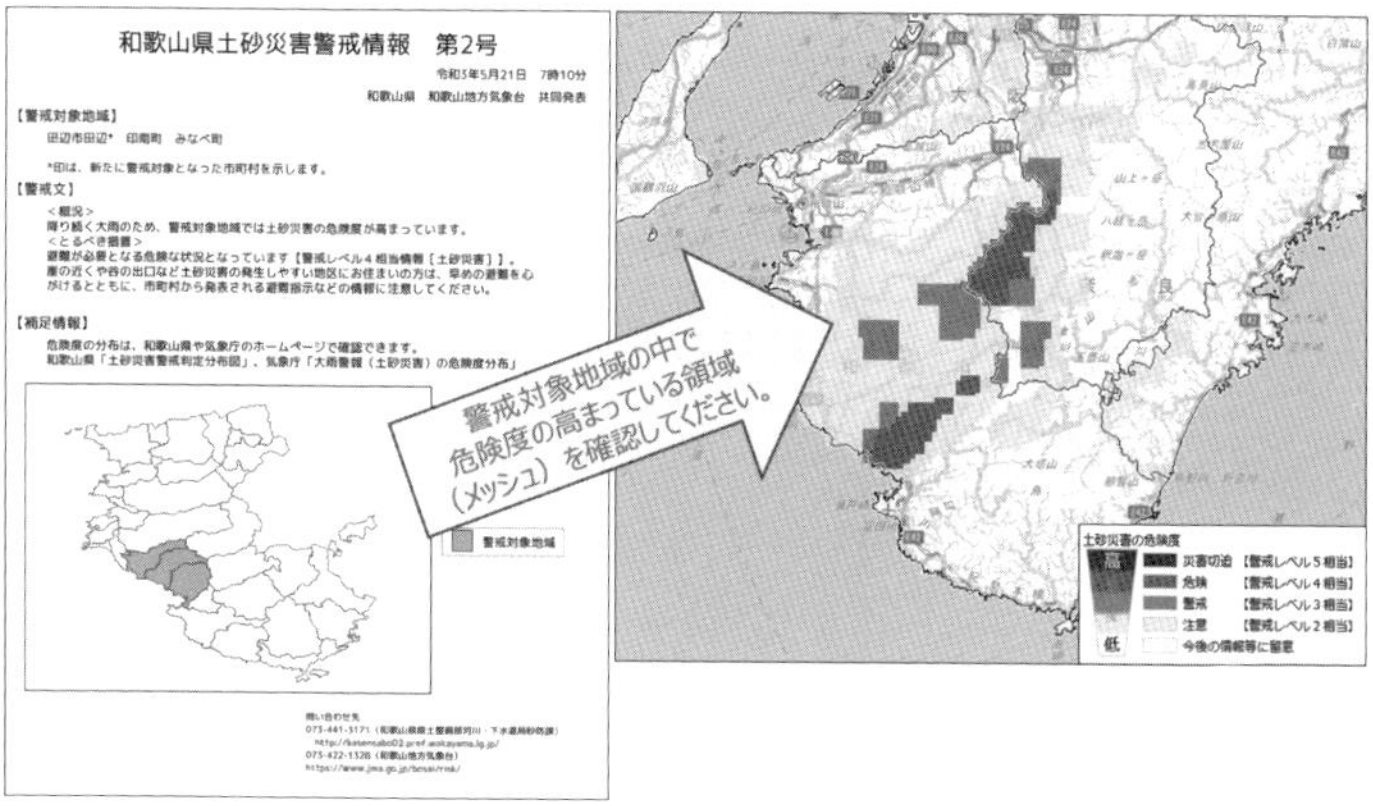

図９　土砂災害警戒情報の例（気象庁）

ると、「顕著な大雨の情報」について放送各社は気象庁が発表する情報名よりも「線状降水帯の情報が出た」といった伝え方をしていて、思ったよりもわかりやすく伝えられているが、防災気象情報は大元からわかりやすくなっていることが望ましい。気象庁は防災気象情報の運用状況をみながら、必要に応じて情報の集約や名称の見直しを検討して欲しい。

また警戒レベルに位置付けられた河川の氾濫情報や土砂災害の情報なども情報を出す側の理屈で考えられ、受け取る側の立場を疎かにしてわかりにくくなっていないかを検証して見直していく柔軟性が必要だ。つまりは風水害に関わるすべての情報を俎上に載せて、情報全体の体系や名称、それにそれぞれの情報の関連を整理してみる時期にきていると思う。

《専門用語と数字では伝わらない》

専門家が陥りやすい問題についても触れておきた。それは防災気象情報も含めた災害情報全体の課題だ。２００４年（平成16年）７月18日の未明から昼にかけて、活発な梅雨前線がゆっくりと南下したのにともなって、福井県で非常に激しい雨が降った。福井市では18日の日降水量が１９７・５ミリに達し、市内を流れる足羽川が決壊して大きな被害がでた。気象庁が「平成16年７月豪雨」と名付けたが、この災害で河川事務所は「右岸」と「左岸」という言葉を使って注意を呼びかけた。ＮＨＫでも当初この言葉をそのまま使って放送した。すると視聴者から「右岸とか左岸というのは、川のどちら側なのかわからない」という問い合わせが入った。当時、私はＮＨＫの災害と防災担当の解説委員をしていて、放送の現場から相談を受けて、「右岸、左岸という言葉だけでなく、右岸の○○地区、左岸の△△地区といった地名を付け、テレビは河川と右岸と左岸の位置関係を記した地図を画面に表示した方がいい」とアドバイスしたことがあった。

河川の専門家にとっては、河川の上流を背にして下流を見た際の右側が「右岸」で、左側が「左岸」だということは常識なのだろうが、一般の人にとってはどちらが「右岸」でどちらが「左岸」かわからない。河川管理の多くは国と都道府県の仕事だから、河川を管理したり、河川を研究したりしている人たちの専門用語は市町村や一般の住民には理解しにくいのだ。

こうした専門用語の問題は他にもある。河川を管理する人たちにとっては、「内水氾濫（ないすいはんらん）」と「外水氾濫（がいすいはんらん）」や「越水」と「溢水」を区別することは、災害の実態を把握し、その後の対策を考える上で必要なのだろうが、市町村や地域の住民にとっては浸水したり、流れ込んでくる水の区別はそれほど必要な情報ではなく、それによってどのような危険性があるのか、どう防災行動をとればいいかが知りたいのだ。

これらの専門用語について参考までに説明しておくと、多量の雨が降って河川が氾濫たり、堤防が決壊したりして市街地に水が流れ込んでくるのが「外水氾濫」で、側溝や下水道など都市の排水機能が追い付かず、処理しきれない雨水がマンホールから噴き出すなどして市街地が水に浸かってしまうのが「内水氾濫」だ。また河川の堤防の頂上を水が越えて流れ出すのが「越水（えっすい）」で堤防がない場所から水が溢れだすのが「溢水（いっすい）」だが、これらの区別は洪水対策の専門家や河川を管理する人たちにとっては重要な情報であっても、災害時に住民が知っておく必要があるだろうか。

また2018年（平成30年）7月の西日本豪雨や2019年（令和元年）10月の台風第19号（東日本台風）の際のことだ。大雨の際に上流のダムは一定量の水を貯めて下流の危険性を少なくする役割が期待されているが、ダムが満杯になってしまうと上流からの水をそのまま流してしまう特別な操作（ただし書き操作）**（写真3）**が行われる。この操作が行われると下流からみるとダムがない状態に近くなり、河川が増水して氾濫の危険性が高まることになる。そこでダムの管理者は操作をする際には下流の市町村や住民に情報を出して知らせることになっている。その放流通知文を取材すると『○○ダムでは○日○時○分から放流を開始します。ダムの洪水調節に活用する空き容量を確保するため、放流量を○日○時○

写真３　西日本豪雨で放流した鹿野川ダム（愛媛県大洲市）

分に最大○㎥／ｓ（立法メートル毎秒）まで増加させる予定です。なお、最大放流量○㎥／ｓを超える場合は再度通知します』となっていた。ダムの管理者は「○㎥／ｓ」の放流と伝えることで市町村や住民に危機感が伝わると思ったのだろうが、ダムについての詳しい知識がない市町村の担当者や住民は「○㎥／ｓ」放流することによって、下流の河川でどのようなことが起きるのかがわからないし、イメージすることもできない。

その後ダムの放流通知文は見直しが行われたが、まだまだ専門知識のない市町村の防災担当職員や一般の人にはわかりにくい。というより、専門家同士が伝え合わなければいけないダム管理の背景や意味合いまで、市町村や地域の住民に伝える必要があるのかどうかを再度考えてみる必要があるように思える。

こうした例をみると専門用語や数字は、それを日ごろから使い慣れている専門家同士でしか、その意味合いや危機感を伝え合うことができないことがわかる。実際に取材の場でも、そうした経験をしたことがあった。河川の管理は1級河川などの場合、平均して「100年から150年に1度」の割合で発生する洪水流量を安全に流すことを目標に整備されている。かつて「100年に1度の洪水に見舞われるというのは、どのくらいの雨が降ることなのか」と聞いたことがあったが、「今年そうした雨が降る確率は○％です」と回答をもらったことがあった。確率をさらに確率で説明されたが、まったく理解できなかった。

《災害情報は何を伝えるのか》

災害情報は命に関わる情報だ。したがってわかる人とわからない人がいるようでは良い情報とはいえない。高齢者から子どもまでが誤解なく内容を理解でき、自分の身に置き換えて、何をしなければいけないかがわかる情報を目指す必要がある。

そのためには専門用語や数字やデータはなるべく使わないようにしないといけない。もしどうしても使わなければいけない場合には、かみ砕いて説明する努力が情報を出す側に求められることになる。情報を出す側が専門用語や数字やデータで危機感を伝えたつもりでも、気象現象や河川の氾濫や洪水、それに土砂災害のメカニズムに詳しくない市町村の職員や住民にとっては、専門用語や数字やデータにこめられた危機感を受け止めることができないからだ。

大事なことは、その専門用語や数字やデータの意味するところ、つまりは「だからどうなんだ」までを伝えなくてはいけないということだ。情報を作ったり、出したりする側の論理だけでなく、情報を受け取る側の立場に立った情報が求められているのだ。情報を防災に生かせるかどうかが、災害情報にとって最も重要なのだ。

また日頃の情報提供の中で、気象現象という自然を相手にしている以上、わかっていることよりもわからないことの方が多いことも丁寧に説明して欲しい。まだまだ分からいことが多い中で、それでもわかってきたことを手掛かりに防災に生かして欲しいという情報を、発信する側の真情についても理解をはかっていく必要があると思う。

災害情報の多くが気象庁や国土交通省といった防災機関から市町村や住民に発信されるが、その関係をみると、どう考えても情報を出す側の責任のほうが重い。災害情報を出す側は、出した情報が受け取る側にきちんと伝わったか、理解されたか、そして防災行動に結びついたかを常に検証する責任があって、それによって少しでもわかりやすい、使いやすい情報に改善していく努力が求められる。災害情報は市町村や住民といったエンドユーザーに使われ、防災に生かされてこそ意味があるからだ。災害情報をわかりやすくしていく取り組みをどこまでも続ける必要があるということだ。

【参考】

△「令和元年6月28日から7月4日にかけての豪雨に関する鹿児島市民の防災意識・行動調査報告書（速報）（特定非営利活動法人 環境防災総合政策研究機構 CeMI 環境・防災研究所）

△内閣府「令和元年台風第19号等による災害からの避難に関するワーキンググループ」報告書。

第2章　災害の取材と報道

第2章に関連する災害「雲仙普賢岳噴火災害」（1991年6月3日）

１９９０（平成２年）11月から噴火活動を再開した雲仙普賢岳は活発な活動を続け、翌１９９１（平成３年）年６月３日、噴火開始後最大規模の火砕流が発生し、死者・行方不明者43人の犠牲者を出した（**写真４**）。犠牲者の中にマスコミ関係者が多く含まれ、災害報道のあり方が大きな課題となった。噴火活動は１９９５年（平成７年）まで約４年半続き、長崎県島原市や深江町は度重なる火砕流や土石流に見舞われた。

この章では災害を取材するメディアの役割や責任に加え、放送メディアがいかに災害報道に取り組んできたのかという歴史や取材される側の行政に求められることなど、私自身の災害報道の現場での経験を踏まえ、災害報道を巡るさまざまな課題を取り上げる。

写真４　雲仙普賢岳噴火災害

1・災害取材の苦い経験

災害情報を伝えるメディアの役割は大きい。とりわけ放送は同時性と広汎性が最大の特徴で、今起きていることを同時に多くの人に伝えることができるメディアだ。新聞などの活字は災害が起きる前に災害への備えを呼びかけたり、起きた後にその被害や背景などを詳しく伝えることができるが、放送は今まさに起きている瞬間を切り取って伝え、危険性の高まりと避難を呼びかけることができる。最近はインターネットの普及で同時に伝えられる手段は増えたが、放送メディアほど年代を超えて多くの人に伝えられるようにはなっていない。そこでこの章では、私がＮＨＫで30年以上にわたって携わってきた災害取材と災害報道がどのように災害情報を伝えてきたかを踏まえながら、災害報道が今後の防災に果たす役割を考えていきたい。まずは災害取材の苦い経験から話を始めたい。

《雲仙普賢岳の大火砕流》

１９９１年（平成３年）６月３日、長崎県の島原半島にある雲仙普賢岳で大規模な火砕流が発生し、43人が犠牲になった（**写真４**）。そのうちの20人は取材にあたっていた新聞・出版関係６人、放送関係10人、そして取材に同行していたタクシーの運転手４人だった。中には当時、私が勤務していたNHKのカメラマンも含まれていた。自然災害でこれだけ多くの報道関係者が犠牲になった災害は例がない。また消防団員12人と警察官2人は、報道関係者に警戒を呼びかける中で火砕流に巻き込まれた。その他火山の研究者が3人、一般の住民が6人だった。

雲仙普賢岳の平成の活動は1989年（平成元年）の11月21日の群発地震から始まった。翌1990年（平成2年）の1月にはおさまったようにみえたが、4月ごろから再び活発になり、夏ごろには噴火との関りが強いとされる火山性微動が観測されるようになった。

当時、私はNHKの東京社会部の記者をしていて、主に全国で発生する自然災害を担当する災害班と呼ばれるチームの一人だった。気象庁や大学の火山の研究者などを取材して、雲仙普賢岳の噴火は粘り気の強いマグマが流れ下ることなく火口の上に盛り上がってドーム状になる特徴があることや、直近の噴火である1792年（寛永4年）の噴火では強い地震とともに眉山が山体崩壊し、大量の岩屑なだれが有明海に崩れ落ちて大津波が発生し、対岸の肥後・天草（現在の熊本県）や島原半島の沿岸を襲って約1万5、000人の人が亡くなる大災害を引き起こしたことなどを取材していた。この大災害は「島原大変」と呼ばれ、噴火の様子がよくわかる本に歴史小説家の白石一郎がそのままのタイトルで書いた小説があると聞いて読んだ。小説は若い医師の眼を通して、災害時の社会の混乱と武士や医師の活躍が描かれていた。

雲仙普賢岳が噴火するかもしれないという心配が高まるなか、同僚と二人で福岡局や長崎局を訪れ、噴火した際の態勢や準備の打ち合わせをしたり、島原市で取材の拠点になる前線と呼ばれる場所をどこにするかを決めたりした。

そしてその年の11月17日、雲仙普賢岳は噴火活動を再開した。山頂東側の地獄跡火口と九十九火口の2か所からの噴火だった。「198年ぶりに噴火しました」というニュースを書きながら、江戸時代以来の噴火を伝える火山活動の時間スケールに不思議な感慨を抱いたことを覚えている。

その後東京が中心だったものの、現地の応援に出かけたりして噴火活動や火山の防災対策を取材した。大火砕流が発生した時は東京にいたが、もし現地に入っていたなら、〝あの時、あの場所にいてもおかしくなかった〟という思いはどこかに残っている。

《勉強不足だった火砕流》

火砕流は数百度にもなる高温の火山灰や、溶岩のかけらなどが一団となって、時には時速100キロにもなるスピードで山肌を流れ下る現象で、最も危険な火山現象の一つだ。火砕流が発生してから逃げ切ることは難しく、あらかじめ安全な場所に避難している必要がある。

災害が起きる10日ほど前の5月24日に初めての小規模な火砕流が観測された。翌25日の午後7時のNHKニュースは「火砕流には何種類かありますが、今度のものは火口に現れた溶岩が、まだ冷えて固まる前に高い熱を持ったまま崩れ落ちて発生しているものと見られます。このような高温の溶岩は中に火山性ガスを含んでいるため、斜面に落ちるとガスとともにはじけて一部が粉々に砕けます。そして、この砕けた灰がガスとともに勢いよく噴き上がり、あたかも斜面から噴火しているように見えるというものです。火砕流は、万一規模が大きいと、山を駆け下る距離が飛躍的に長くなり、防災上極めて危険なものになりますが、雲仙岳でこれまで発生したものは、極めて規模が小さく、大きな災害を引き起こす恐れはいまのところそれほど強くないと専門家は指摘しています」（廣井ほか、１９９２）と伝えている。観光地を抱えた雲仙地域への影響を心配して慎重な見方になっていた専門家への取材を反映した面があったと思うが、今から見ると抑制しすぎた表現だ。

一方5月中旬以降にはたびたび土石流が発生していた。5月19日には土石流が水無川にかかる橋を押し流す様子を、ＮＨＫの無人カメラが迫力ある映像でとらえた。さらに溶岩ドームの成長はめざましく、各社のニュースは夜中に山頂付近の溶岩が赤く光る映像などを競うように伝えた。そしてこの頃から雲仙普賢岳の麓にテレビや新聞のカメラマンが三脚を立てて並ぶようになり、その場所は「定点」と呼ばれた。「定点」は山頂から4キロほどのところで、山を正面からとらえることができる場所だった。

その後5月26日にも火砕流が発生し、予想外の住宅に近いところまで流れ下ったことから、島原市は「定点」を含む地域に避難勧告を発表し、報道関係者にも避難を呼びかけたが、聞き入れられなかった。そこには土石流や火砕流は谷筋を流れ下るので、尾根を越えたところまで来ることはないだろうといった思い込みと他社に劣らぬ迫力ある映像を取材したいという思いがあった。
そして6月3日、大きな被害が発生した。

《取材にあたって心がけること》

火砕流の災害後も東京で火山の噴火活動や被災者支援の対策を取材したり、島原市に応援に出かけて前線と呼ばれる取材拠点のデスク業務をしたりした。雨が降ると土石流を監視する無人カメラに連動したセンサーが働いて、ホテルの部屋に警報音が鳴り、夜中でも飛び起きて前線に駆け付けて原稿を書いた記憶が残っている。また島原市内で取材している時に、報道関係者の取材のあり方について地元の人から苦言や感想を言われたことがあった。「定点」での取材のほかに、報道関係者の中には無断で避難している住宅の電話や電気を使ったり、食べた弁当などのゴミを片付けないまま放置してしまう例などがあったからだ。

こうした経験を経て、その後私は災害の取材にあたって3つのことを自分に言い聞かせるようにしてきた。一つは「取材を尽くす」ということ。災害後に多くの火山の研究者を取材したが、20世紀に起きた死者1、000人以上の火山災害の7割以上が火砕流によるものだと教えられた。中途半端な取材で安易に考えることは自分だけでなく、スタッフや周囲の人に迷惑をかけることになる。二つ目は「自然に対して謙虚になる」ことだ。人間の考えや時間のスケールとは全く違った尺度で営みを続ける自然を取材しているということを常に忘れないようにしたいと思った。そして三つ目は「どんな混乱の場所であっても常識をわきまえた取材を心がける」ことだ。最近も大きな災害の被災地に行くと、報道関係者と地元の自治体や住民の間でトラブルが起きることがある。取材のためとはいえ、被災地の人たちが報道関係者を見ている目を意識し、家族や住宅をなくした人に話を伺う時の心配りを忘れてはいけないということだ。それは何も特別なことではなく、ごく常識的なルールや配慮をわきまえるということだと思っている。

2021年（令和3年）の3月、「定点」のあった場所に掘り起こされた車両とモニュメントが設置され災害の遺構としての整備が行われた。整備したのは地元の住民で、噴火災害の教訓を後世に伝えようというものだ。雲仙普賢岳の大火砕流災害の教訓を、報道に携わった者の一人として伝えていきたいと思う。

2・災害取材とメディア対応

《目に余る現場取材》

ここで被災した現場での取材について少し整理しておきたい。大きな災害が起きると被災地に多くのメディアが殺到する。多くの市町村は押し寄せるメディアの対応に慣れていないし、住民は時に乱暴に向けられるカメラやマイクに戸惑ったり、迷惑したりして、被災地ではメディアと市町村や住民との間にトラブルが起きることがしばしばある。

２０１８年（平成30年）９月に発生した北海道胆振東部地震の被災地でもそうした問題が起きた。地震は９月６日の午前３時７分頃に胆振地方中東部で発生した。地震の規模はマグニチュード６・７で、厚真町で震度７、安平町、むかわ町で震度６強、札幌市東区や千歳市などで震度６弱を観測した（**図10**）。この地震による死者は41人にのぼったが、中でも被害の中心となった厚真町では、北海道で初めて観測された震度７の揺れで山裾に建てられた多くの住宅が崩れた土砂にのみ込まれて36人が亡くなった。

厚真町の町政要覧によると当時の人口は４、６５２人で、水田を中心とした静かな農村地帯だ。その町を突然襲った震度７は気象庁の震度階で最も階級が高い猛烈な揺れで、阪神・淡路大震災以降、新潟県中越地震、東日本大震災、熊本地震で２回と

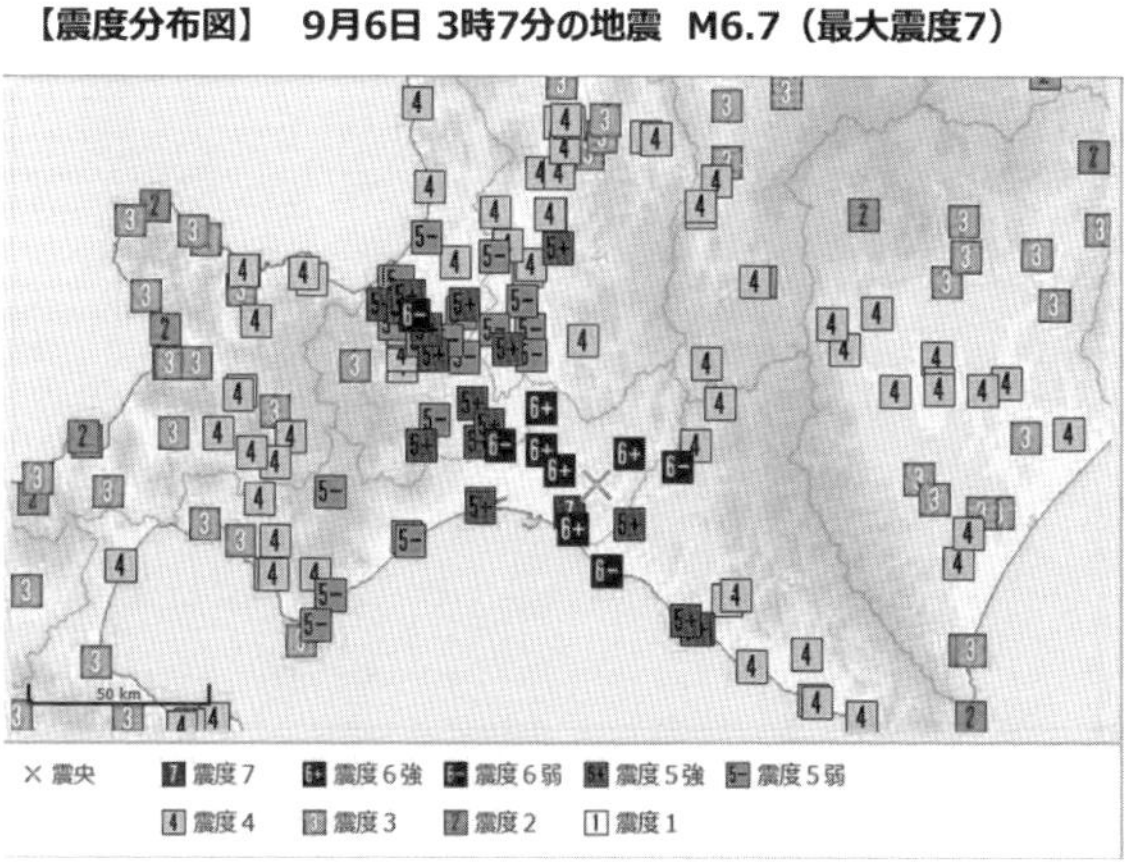

図10　北海道胆振東部地震の震度分布図（気象庁）

北海道胆振東部地震の厚真町の6回しか記録されていない。直下型地震の特徴で震源近くの厚真町や安平町など北海道南西部では猛烈な揺れで大きな被害がでたが、被害地域は局所的だった。にも関わらず地震直後の午前3時25分に北海道全域で「ブラックアウト」と呼ばれる大規模停電が発生した。北海道内のほぼ半分の電力を供給していた苫東厚真火力発電所のボイラーが破損して発電所が停止したことをきっかけに、連鎖的に発電所や送電の停止が起きた。北海道全体の電力の需給のバランスが崩れたことで、道内全域の295万戸が停電した。「ブラックアウト」は大手の電力会社の管轄するすべての地域で停電が起きる現象で日本で初めてのことだった。

こうしたことから社会の関心は高く、北海道のメディアだけでなく、首都圏などから多くのメディアの取材チームが普段は静かな厚真町に集まった。このためメディアの取材は過激なものになった。そして9月15日の室蘭民報の朝刊に、厚真町役場の災害対応を支援するために駆け付けていた東北大学災害科学国際研究所の定池祐季助教が日に余るメディアの取材に対して苦言を呈する投稿記事が掲載された。それによると「役場では能動的な情報発信に努めているが、それでも、職員の災害対応の手を止めようとする記者が後を絶たない」「避難所では（中略）、生活の場にずかずかと入り込みカメラとマイクを向ける、保護者が見ていないところで、子どもに対して、犠牲者の顔写真をLINEで送るように頼むなどのケースがみられた」「悪質なケースは後を絶たず、仮設トイレゾーンで避難者を待ち伏せする記者が現れた」と配慮を欠いた強引なメディアの取材ぶりを記している。そのうえで『「被災者の尊厳を守る」ことを忘れた取材は、被災者の真実を表しているとは言いがたい。そういう報道関係者の姿も「二次災害」になっていることに気づいてほしい』と訴えた。

定池さんは1993年（平成5年）の北海道南西沖地震を経験したことで災害研究を志した人で、混乱の場での取材者の立場にも理解のある研究者だ。それだけに定池さんのメディアへの苦言は身に染みて重く受け止めなければいけないと感じた。いかに「被災地の状況を発信するという大義名分」があったにしても、取材合戦の中で被災地の市町村と被災者に寄り添うことを疎かにした取材は、自ら大義を放り出した行為だといっていい。

《準備不足の市町村》

一方でこれだけあちこちで災害が起きるようになったにも関わらず、市町村の側はなぜ基本的な準備や対策ができていないのかと呆れたことがあった。

2015年（平成27年）9月の関東・東北豪雨で大きな被害を出した茨城県常総市では市の庁舎も水に浸かった。市役所から約10キロ上流の地点で鬼怒川が決壊し、庁舎は60センチから70センチの深さで浸水した。当時、建物の1階に設置してあった非常用発電機が使用できなくなった。また駐車場は1メートルを超える浸水深となって公用車74台が水に浸かり、公用車の

3分の1ほどが使用できない状態になった。しかし事前に市民に配布されていた常総市の洪水ハザードマップには市役所付近は2メートル近い浸水になることが記されていた(図11)。

いうまでもなく市町村役場は災害対応の拠点となる場所だから、そこが被害を受けると被災者支援や復旧に向けた対応に大きな影響が出る。直後に現場取材に出かけたが、市民に配布していた洪水のハザードマップに市役所が浸水被害を受けることが示されているにも関わらず、なぜ市自身の対策がとられていなかったのかとする取材者の疑問は当然だと感じた。

また2016年(平成28年)4月の熊本地震でも宇土市や益城町など5つの市と町の庁舎が壊れて使えなくなり、機能を別の建物に移して災害対応をしていたが、スペースや基本的資料の不足で家屋の被害調査や罹災証明の発行などが遅れる影響が出た。この時にも、阪神・淡路大震災以降、公共の建物の耐震性を確保することの重要性が指摘されたり、東日本大震災では

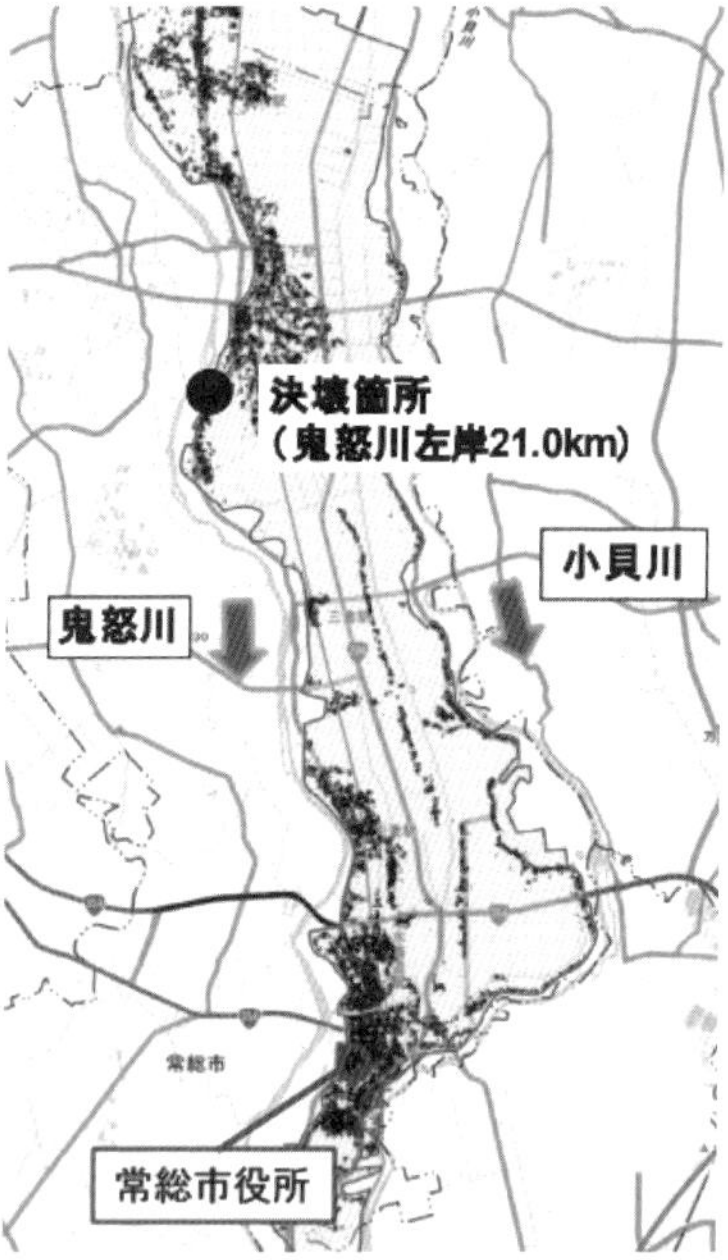

図11 「水害時の避難・応急対策検討ワーキンググループ」報告書(内閣府)

市町村役場が被害に遭うことの影響の大きさが伝えられていたにも関わらず、なぜ耐震診断や補強がないがしろにされてきたのかと疑問を持った（**写真5**）。

他にも災害時の対策本部の設置が遅れたのを取材していたら、町長と副町長が出張で不在だったうえに、その際の災害対策本部長となる教育長に適切な引き継ぎが行われていなかったケースや大雨警報がでたことから災害発生の前日に防災担当部署の職員が参集しながら、もっと大雨になったら再度集合しようと解散してしまい、夜中に雨が強まって土砂災害が発生し、対応が後手に回ったケースなどがあった。

こうしたケースがあったことを踏まえると、メディアの取材者が災害が発生した市町村の対応が迅速に、またマニュアルどおりに行われたかどうかを検証するのも致し方のないことだと思う。被災者のためにも他の市町村が今後に生かしてもらうためにも、その詳細を伝える必要

写真５　熊本地震で壊れて使えなくなった宇土市庁舎（筆者撮影）

があるからだ。

多くの被災市町村で発生直後に〝あらさがし〟をするような取材より、救援救助や被災者支援の取材を優先すべきだという意見を聞くことがあったが、そうであるならば、過去の各地の災害の教訓を生かして、事前の対策や準備、それにトップ自らはむろんのこと、一人ひとりの職員の防災意識を高める取り組みをしておかなくてはいけない。過去に様々な災害で多くの市町村を取材したが、〝いきあたりばったりで、全部うまくいった対策〟はみたことがない。初動の段階での対応の遅れは、その後の復旧や復興対策に大きく影響することが多いのだ。

《災害時のメディア対応のヒント》

災害時、被災した市町村はどのように対応したらいいのだろうか。各地の市町村を取材した立場から考えてみたい。災害が発生した時に勢い込んでやってくるメディアは、なんとなく怖いし、対応は苦手だという声を市町村の担当者から聞くことが多い。しかし市町村にとって、災害時のメディア対応は本来業務ともいうべき仕事で避けて通ることはできないことは肝に銘じておいた方がいい。

まず災害が発生した時のメディアの特徴は、大きくいって3つあると思う。一つは大きな災害が起きると、放送局も新聞社も地元の記者だけでなく本社やキー局から多くの災害現場取材を経験したベテランの記者が駆けつける。それは市町村の広報担当者が、日頃発表しているイベントや催しなどの取材とは緊張感がまったく違っている。二つ目は駆け付けてくる記者は、現場の市町村にやってくるまでの間もテレビやラジオの放送を聞いたり、本社から情報を受けながら、その段階での最新情報を聞いたり、疑問点を整理しながら来るということだ。そして三つ目はどんな災害でも初動の段階が一番情報が少ないから、例外なくなるべく早く、現場ならではの一報情報を送りたいと考えている。

それらの特徴を踏まえると、災害時に市町村がメディアに対応するための注意点がみえてくる。5つのポイントを指摘したい。一つは集まってきたメディアとの最初の対応が最も大事で、ある程度自分の判断で話をすることができる人が担当することだ。過去に若い広報担当者が「今調べていますから、お話しできることはありません」とか「しばらくしたら記者会見をしたいと思いますが、時間などは決まっていません」などとまったく何も話せないとして、メディアの不満が高じたことがあった。一方で副市長や副町長といった責任ある立場の人がメディアの集まった場所に陣取って、「今テレビが伝えている現場は○○付近で市役所からは○キロほどの距離の山あいの地区で、はっきりした数字は後で担当部署から伝えますが、○世帯ほどが住んでいる集落があって、市の中でも高齢化率が高いところです」と、その段階で話せることを自分の判断で伝え、市の地図をホワイトボードに張り出して場所を示したことがあって、その段階でメディアとの信頼関係がある程度出来上がったと感じたことがあった。最初の対応でメディアとの間でボタンの掛け違えが起きると、元に戻すのに時間がかかる。最初の対応はある程度自分の判断で話ができるナンバー2かナンバー3が担当する必要があると思う。二つ目は情報を隠したり、ごまかしたりしないことだ。過去に担当者の甘い見通しで災害対策本部の開設が遅れた市町村があって、それをごまかそうとしたことがあったが、対策本部の開設の遅れよりも、それをごまかそうとしたことのほうが問題が大きくなってしまった。三つ目は個別対応の取材に応じないようにすることだ。喧噪の中で顔見知りの親しい記者に声をかけられたりすると、つい心を許して「実は…」などと、まだ発表していない情報を伝えてしまった担当者がいたが、一人に個別対応をすると、他の取材者も個別対応でネタを取ろうとするようになる。したがって質問は取材者全員の前で言ってもらうようにして、答えも全員の前でするといった公平さを保つことが重要だ。四つ目は地元の記者クラブとの連携を大切にすることで、日頃から地元の記者と信頼関係を作っておくことだ。応援に駆け付ける記者は急性期の応援だから、災害後の復旧や復興の過程を長く取材することになる地元の記者の仕事がしにくくなるようなことはしたくないと思っている。したがって災害時の取材をどうするかという話し合いを、平常時に地元の記者クラブと詰めておくのも方法の一つだと思う。そして五つ目は、日頃から資料として配布できそうな町の地図や過去の災害履歴などの資料を用意しておくことだ。どんな災害が起きても町の地形的な特徴や過去の災害履歴、それを受けて進められてきた対策などの資料は取材の参考になる情報だからだ。

【災害時のメディア対応のポイント】

1・最初の対応は、ある程度自分の判断で話せるナンバー2かナンバー3が担当する。
2・情報を隠したり、ごまかしたりしない。
3・個別対応の取材に応じない、情報提供にあたっては公平さを保つ。
4・地元の記者クラブとの信頼関係を、日頃から作っておく。
5・日頃から準備できるものは用意しておく。

災害時の市町村の役割やトップの心構えについて、2004年（平成16年）10月の台風第23号で、一級河川である円山川が決壊して大きな被害を出した兵庫県豊岡市の元市長の中貝宗治さんはこう指摘している。「記者会見を毎日行い情報を出し続けること。情報を隠さないこと。マスコミは時に厄介であるし、仕事の邪魔になることもあるが、情報発信は支援の獲得につながる。明るいニュースは、住民を勇気づける」

この指摘は災害時にメディアが果たすべき役割としても重要だ。

3・テレビの災害報道が目指してきたこと

今起きていることをリアルタイムで伝える。それが放送の最大のメリットである速報性、同時性だ。インターネットなどがなかった時代に「今、なにが起きているか」を広く、同時に伝えることは放送にしかできないことだった。

そうした放送のメリットを最大限に生かすことができるのが、大きな地震や津波、風水害などが起きた際の災害報道だ。今どこでどんな被害がでているかや今後の危険性はなにか、危険な場所はどこかを伝え、危険が迫っている地域の人たちに避難を呼びかけたり、被害を少なくするための防災対応を進めたりすることができるからだ。むろんテレビやラジオの報道が最初からそうした分析をしたうえで、放送に取り組んできたわけではなかった。ここで簡単に災害報道の歴史を振り返り、どういう経緯をたどって現在に至ったのかを整理しておく。

ラジオ放送がはじまったのは1925年（大正14年）、テレビ放送は1953年（昭和28年）に始まった。ラジオ放送は100年、テレビ放送も70年になる。

これまでの歴史を振り返ってみると、ラジオやテレビの災害報道が求めてきたのは「正確」で「迅速」、「きめ細かい」「わかりやすい」情報の提供だったということができる。

《関東大震災が後押ししたラジオ放送の開始》

「関東大震災」は、災害報道を考える上でも忘れることができない災害だった。1923年（大正12年）9月1日、相模湾北部を震源にマグニチュード7・9の大地震が発生した。地震の発生が午前11時58分頃で、各家庭が昼食の準備に火を使っていた時間帯だったことから、東京や横浜など各地から出火し、折からの強風にあおられて燃え広がった。火災は3昼夜にわたって燃え続け、10万人以上が亡くなり340万人が被災した。

当時のマスメディアは新聞しかなかったが、新聞社や通信社も地震で大きな被害を受けた。また電気が止まり、電報や電話、交通機関も不通になって、新聞の発行機能は一時的に完全にストップした。甚大な被害を目の当たりにして多くの人に不安が広がる中、新聞発行が止まったことによる情報不足は社会の混乱に拍車をかけた。被害状況や救援救助の動き、余震などの正確な情報が伝わらなかったことからデマや流言飛語が飛び交い、朝鮮の人や社会主義者などが虐殺される悲劇まで起きた。

災害時に不安を煽るようなデマが飛び交うことは過去に限ったことではない。

1995年（平成7年）1月17日に発生した「阪神・淡路大震災」（M7・3）の後に「また大きな地震がくる」「震度6の大地震がくる」といった噂が飛び交い、大阪、京都、彦根の3つの気象台に150件近い問い合わせが寄せられた。これは地震予知連絡会が余震の見通しとして「マグニチュード6クラスのものもありうる」と発表したのを、マグニチュードと震度を取り違えた人がいたためとみられている。また2011年（平成23年）3月の東日本大震災の時には、「また大きな津波が襲ってくる」とか「コンビナートから有毒な化学物質が漏れた」といった情報が拡散した。さらに2016年(平成28年)4月の熊本地震の時には、SNSに「動物園からライオンが逃げた」という面白半分の情報がライオンの写真とともに投稿され、地元の行政は確認に追われたことがあった。投稿した20歳の男性は「偽計業務妨害の疑い」で逮捕されたが、これらの出来事は災害時の混乱を抑え、社会不安を防ぐために報道が正確な情報を伝え続けることがいかに重要かを教えている。

大きな災害が起きるとデマなどが広がりがちだが、それを抑え、社会の混乱を防ぐためには、正確な情報を伝え続ける必要があるという認識が関東大震災後に始まったラジオ放送につながったということができる。

NHKのラジオ放送がはじまったのは、関東大震災の2年後の1925年（大正14年）のことだ。翌年の1926年（大正15年）のラジオ放送に、当時の安達謙蔵逓信相が出演して「放送事業とその将来」と題した話をしているが、その中で災害報道にも触れている。安達逓信相はイギリスのゼネストによる混乱の収拾にラジオ放送が役立ったことを紹介した後「もし関東大震災の際にラジオがあったら、災害の実態がすみやかに報道され、生活物資の配給は円滑に進み、国民の動揺は非常に軽減されたことであろう」と述べている。

こうして放送は災害報道に対する大きな期待と重い責任を担って始まったということができる。

《隠された大地震》

正確な情報を伝えるという点では、太平洋戦争から戦後の混乱の時代に、地震の発生と被害状況が正確に伝えられず、忘れられたようになった地震がある。

この時期、日本各地で大きな地震災害が相次いで起こった。1943年（昭和18年）の「鳥取地震」（死者1、083人）、1944年（昭和19年）の「東南海地震」（死者・行方不明者1、223人）、1945年（昭和20年）の「三河地震」（死者2、306人）、1946年（昭和21年）の「南海地震」（死者1、330人）で、いずれも犠牲者が1、000人を超える地震災害が相次いだ。

しかし太平洋戦争中や敗戦後の混乱の時代だったために、現在のように正確で、詳しい報道がなされなかった。特に1944年（昭和19年）の「東南海地震」は、当時の厳しい報道管制でメディアは独自に取材して報道することができなかった。ゼロ戦などの工場があった中部工業地帯の被害を世界に知られたくなかった軍部の思惑で日本では地震の発生や被害の状況はほとんど伝えらなかったが、アメリカの「ニューヨークタイムス」や「ワシントンポスト」は大きな記事で地震と被害の詳細を伝えた。このため昭和の「東南海地震」は「隠された大地震」と呼ばれることがある（**図12、図13、図14**）。

昭和の「東南海地震」の発生と被害が正確に伝えられなかった影響は最近まで続いた。南海トラフに沿って起きる「東南海地震」や「南海地震」は、100年から150年ほどの間隔で

The New York Times.

U. S. LANDING ON LEYTE WEST COAST SPLITS FOE;
13-SHIP ENEMY CONVOY SUNK IN RACE FOR ORMOC;
3D ARMY DRIVE 3½ MILES FROM SAARBRUECKEN

Bond Drive Reaches Goal Under Pearl Harbor Spur

B-29's Hit Mukden, Tokyo, Smashing 63 Enemy Planes

War News Summarized

1,700 Germans Live in Saar Caves; Defied Order to Flee Into Reich

Bonwit Teller

TIFFANY & Co.

...and so Victorian!

KNOX the HATTER

FUR SALE

Jaeckel

Fabulous Cocktail Rings

LAMBERT

Fabulous by Charbert

図12、図13 「東南海地震」を1面と3面で伝えるニューヨークタイムス
（1944年12月8日）

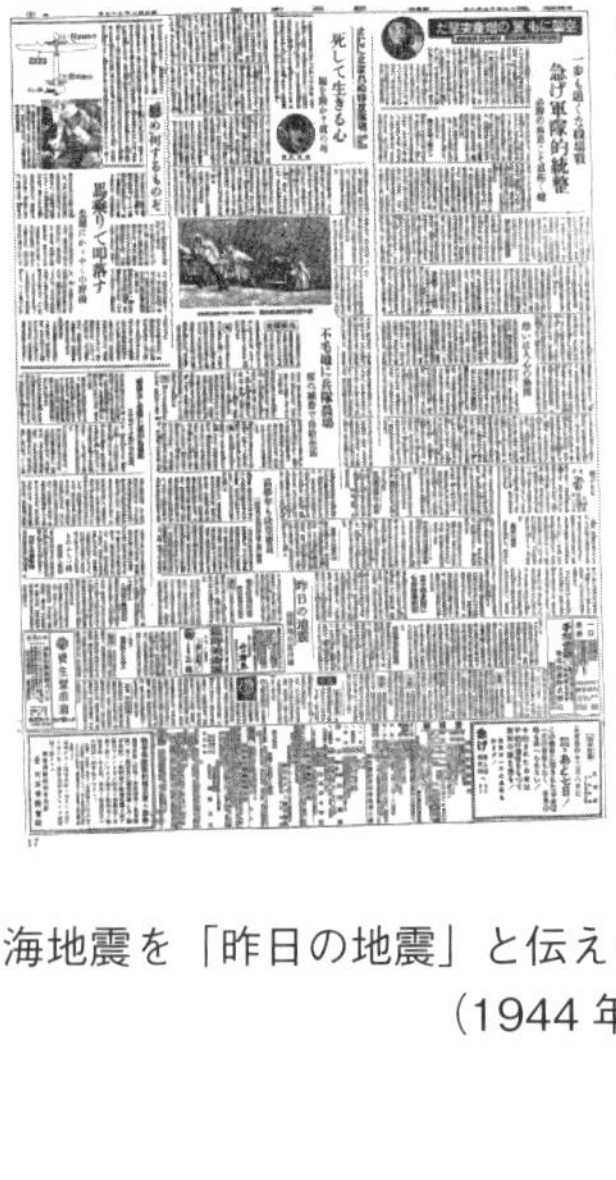

死して生きる心

昨日の地震

図14 東南海地震を「昨日の地震」と伝える朝日新聞
（1944年12月8日）

繰り返し起きることがわかってきた。このため多くの地震研究者や防災の専門家は、次の「東南海地震」や「南海地震」は21世紀の半ばまでには起きるとみている。2003年（平成15年）7月には「東南海・南海地震特別措置法」が施行されたが、全国的にはむろんのこと、被災地でも地震の知名度が低かったことから防災対策を進めるのに時間がかかった。情報を正確に伝えることの重要性を逆説的に証明した事例だった。

《結果の報道から予報の報道へ》

やがて放送の災害への取り組みが大きく変わることになる。それは第二次世界大戦後の日本を次々に襲った台風災害によってもたらされた。

1945年（昭和20年）8月の敗戦から1か月余り経った9月17日、鹿児島県に「枕崎台風」が上陸した。「枕崎台風」は西日本を中心に猛威を振るい、死者・行方不明者は3、756人にのぼった。2年後の1947年（昭和22）9月にやってきた「カスリーン台風」の大雨では、利根川の堤防が決壊し東京都の東部が水没するなどして、全国の死者・行方不明者は1、930人にのぼった。

日本の戦後は台風災害との戦いで始まったといえる状況だったが、テレビ放送が始まったのはラジオの放送開始から30年近く経った1953年（昭和28年）のことだった。

その1年半後の1954年（昭和29年）9月に「洞爺丸台風」が日本列島を縦断した。「洞爺丸台風」は函館港を出航した青函連絡船「洞爺丸」を沈没させ、1、155人という日本の海難史上最悪の犠牲者をだした。テレビは台風一過の穏やかな海に浮かぶ洞爺丸の船底を映し出し、これがテレビが初めて伝えた災害のありのままの姿となった。

つまり当時のテレビやラジオの災害報道は、災害の被害の状況を伝えることが中心だったのだ。しかし、それではいつまでたっても「洞爺丸台風」のような悲劇を防ぐことはできない。「洞爺丸」の悲劇は台風の接近にともなって、出航を見合わせていた函館港の上空が突然晴れ上がったことによって起きた。当時の青函連絡船は本州と北海道を結ぶ交通の大動脈で、連絡船にとって定時運航は大きな使命だった。今になっても台風がまだ行き過ぎていない段階で、なぜ函館港の上空が突然晴れ上がったのかはよくわからないが、船長は台風が過ぎ去ったものと勘違いして出航し、それが悲劇の原因となった。出航後再び風雨が強まって「洞爺丸」は転覆した。つまりは台風の位置や進路、勢力などと防災上の注意点が現在のように的確に伝えられていれば「洞爺丸」の悲劇は防ぐことができたはずだ。

この災害をきっかけに、テレビの災害報道は被害を伝えるだけでなく、被害を防ぐための予報の情報を伝えようという方向に変わった。その姿を5年後の1959年（昭和34年）の「伊勢湾台風」（死者・行方不明者5、098人）で確認できる。台風が紀伊半島の潮岬に上陸した9月26日に、NHKは初めて気象庁にカメラを持ち込み予報課長や天気相談所の所長にインタビューし台風の進路や勢力を伝えた。また名古屋でもNHKやCBC（中部日本放送）が名古屋地方気象台から台風情報を伝えた。

伊勢湾台風の時の災害報道は現在からみると当たり前のようだが「被害を伝える」だけでなく、「いかに被害を少なくするか」という観点から、放送が取り組みをはじめたという点で画期的な放送だったということができる。

予報報道の効果は2年後の1961年（昭和36年）9月16日の第2室戸台風ではっきりと現れた。第2室戸台風は伊勢湾台風に匹敵する勢力で大阪湾を北上し、兵庫県尼崎市付近に上陸した。台風の接近に伴って大阪管区気象台が「最悪の事態、厳重に警戒を」と強く呼びかけ、これを受けて大阪府知事がテレビとラジオで「台風への備えと早期の避難」をと訴えた。その後14の市区町村が住民に避難命令（当時は避難指示や避難勧告の仕組みがなかった）を発表し、約44万人が避難した。これによって大阪湾の海抜0メートル地帯の死者は一人も出なかった。予報の報道は社会や住民の予防の動きにつながる。今に至る災害報道の基本的な考え方はこの時に出来上がったといっていい。

《見えないものを目に見えるように伝える工夫》

その後の災害報道の取り組みにも触れておく。災害報道にとって常に問われるのは「なに」を「どう」伝えるかだが、様々な職業の人や子どもから高齢者までの幅広い年齢層の人が視聴している放送にとって「わかりやすく」伝えることが欠かせない。

そのためにテレビは情報を目に見えるようにする、可視化の工夫を続けてきた。たとえば台風報道の画面は、気象衛星の雲の画像で台風の大きさや雲の広がりを、またCG（コンピュータ・グラフィックス）を使って台風の位置や暴風域、予想進路などを伝えている。また強い雨の範囲が移動する様子をレーダーの画面を色分けしたり、風や波の動きもCGなどの画面を駆使して示している。

こうした放送は様々な技術の進歩によって可能になってきたごく最近のことで、平成の初め頃まではもっと手作りの画面で放送していた。たとえば大きなホワイトボードに日本列島を書き、そこに台風のマークを磁石で貼り付け、その周りにマジックで暴風域を示す円を書き、それをカメラで映すといったかたちで放送していた。大きな台風が日本に接近すると、気象庁の講堂にはＮＨＫや民間放送のホワイトボードがいくつも並び、その前で各社の記者やリポーターが中継をしていた。

また最近の台風や大雨などの放送では、国土交通省が河川に設置した監視カメラの映像を使って、河川の水位の上昇や流木が橋げたを洗っている様子などをリアルタイムで伝えている。そうした映像の力は大きく、「危険水位を超えた」とか「避難判断水位になった」といった言葉を聞くよりも、堤防の高さと濁流を見ることで危険性を一目で理解することができる。情報が目に見えるということは理解しやすく、わかりやすくなることにつながっている。

災害には地震や津波、火山の噴火、河川の氾濫や洪水、土砂災害と種類ごとに特徴があるが、雨による災害はとりわけ災害情報を生かしやすい災害だということができる。というのも大きな河川が雨が降り始めてすぐに決壊したり、氾濫したりすることはまずないし、雨による土砂災害も大量の雨が地面に浸みこむことで発生するからだ。したがって「事前に危険の予測ができる」ばかりでなく、「起こっている過程の中で状況に合わせて対応」することができる。「危険が迫っている地域」に「危険が迫っている」ことを伝えて避難を進めることができれば被害を減らすことができる災害なのだ。つまりは災害報道の力と社会の対応力が試される災害だといってもいい。こうしてテレビは見えないものを目に見えるようにすることで、災害報道のわかりやすさと危険を身近に感じてもらえる工夫を追求してきた。

《迅速な津波報道を目指して》

その後もテレビの災害報道は1964年（昭和49年）の「新潟地震」では液状化現象で空港のターミナルビルが沈んでいく様子をとらえ、1983年（昭和58年）の「日本海中部地震」や2003年（平成15年）の「十勝沖地震」では港を襲う津波を映し出し、1990年（平成2年）の「雲仙普賢岳の噴火」では猛スピードで流れ下る火砕流などを記録しながら、およそすべての災害で素早い避難以上に効果的な対策はないということを伝え続けてきた。

同時にいかに早く情報を出すかにもこだわってきた。日本は過去に大きな津波の被害を繰り返し受けてきたが、津波は早ければ数分で沿岸を襲ってくることがある。したがって1秒でも早く津波情報を出すことは放送にとって大きな課題であり続けている。

　1980年（昭和55年）当時、気象庁は地震発生から15分以内で津波予報を出すことを目標にしていた。それが当時の技術の限界だったのだが、1983年（昭和58年）の「日本海中部地震」では、津波は地震後約7分で青森県の深浦を襲い、日本海の沿岸各地で合わせて104人の死者がでた。地震発生から15分後の津波予報では間に合わなかったのだ。

　そこで気象庁は時間短縮をはかり、今度は5分程度で津波予報を出せるようにした。それでも1993年（平成5年）の「北海道南西沖地震」で津波は予報とほぼ同時か少し前に奥尻島を襲い、230人の死者・行方不明者をだした。またしても津波予報は防災に生かせなかった。気象庁は緊急地震速報用の地震計のデータも使うなどの改善を重ね、地震発生から約3分で津波予報を発表する仕組みを作った。同時にNHKなど放送局も気象庁の予報を受け取ってから放送までの時間を短縮してきた。20年ほど前は放送が出せるまでに3分から4分かかっていたが、現在は気象庁の発表とほぼ同時に伝えられるようになっている（図15）。

《きめ細かい情報で被害を軽減する　～阪神・淡路大震災～》

　死者6、434人をだした「阪神・淡路大震災」は、1995年（平成7年）1月17日の午前5時46分に起きた。

　この地震では大震災の発生という決定的な瞬間をとらえた映像が世界中で放送された。

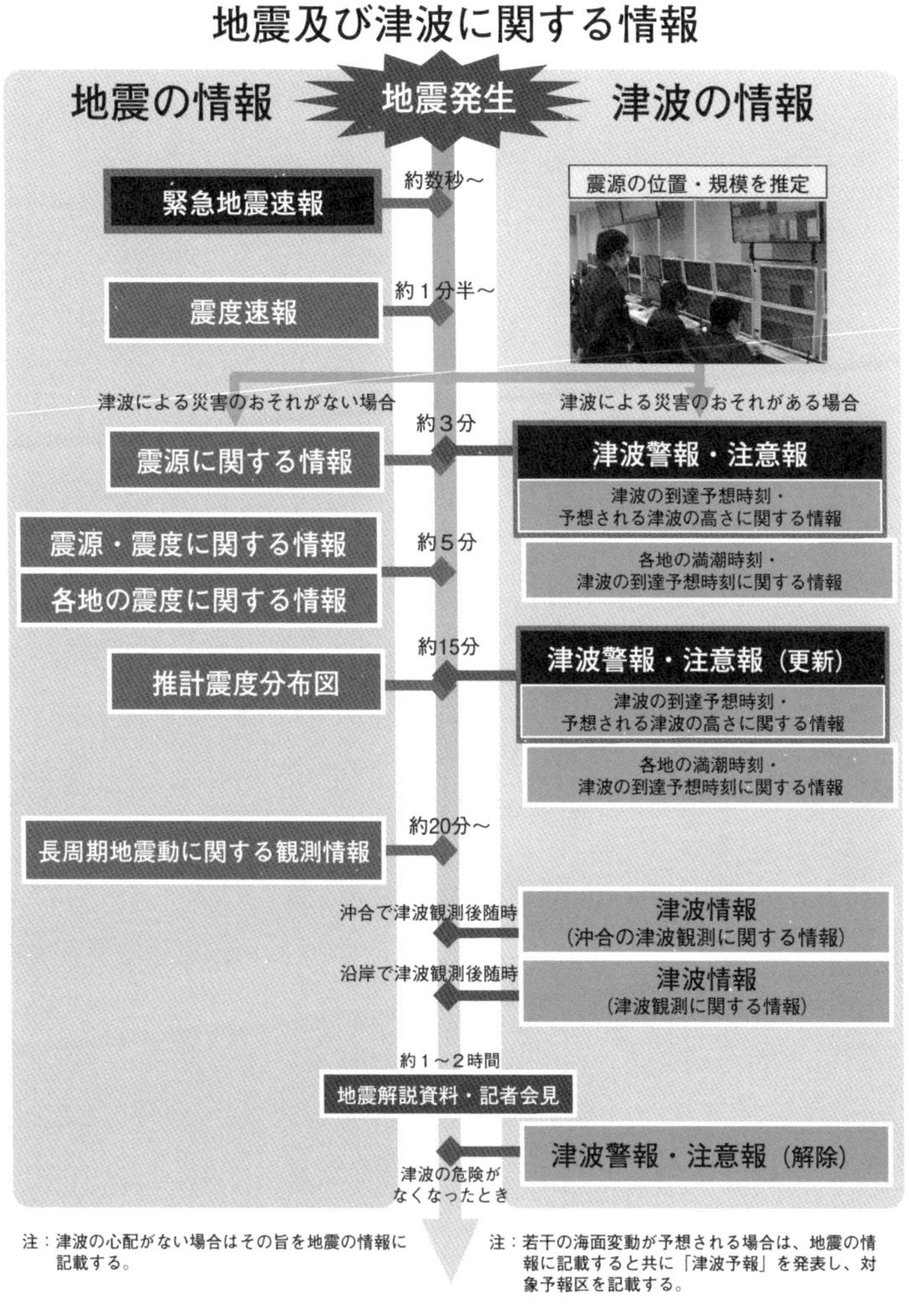

図15　地震及び津波に関する情報（気象庁）

ＮＨＫが独自に開発した「スキップバックレコーダー」という機材がとらえたもので、地震計からの信号によって10秒前にさかのぼって映像を録画できるシステムだ。このシステムが地震発生の瞬間の神戸放送局の内部の様子をとらえた。

また「阪神・淡路大震災」は日本の近代都市が初めて大きな直下型地震に見舞われた災害で、あまりの被害の大きさに被害の全貌がつかめるまでに時間がかかったが、テレビやラジオは総力を上げて事実を伝え続けた。ＮＨＫ神戸放送局は、建物に亀裂が入るなどの被害を受けたが、幸い放送設備は確保された。そこで自家発電装置を使うなどして、現地からの生々しい映像を伝えた。

地震発生直後から、テレビは総合、教育、衛星第1、衛星第2、ラジオは第1、第2、ＦＭの合わせて7つの波を使って放送した。総合テレビ、衛星第2、それにラジオ1放送の３波では、過去に例がない連続26時間を超える報道を行い、総合テレビでは1月31日までに１８８時間34分に及ぶニュースや関連番組を放送した。

【地震当日のNHKの放送】

午前5：46　地震発生
5：49　衛星第1TV、衛星第2TVが「西日本で強い揺れ」のスーパーで速報
5：50　総合TV、教育TV、ラジオ第1、第2、FMで速報後、長時間放送へ
10：30　FMで安否情報開始（全国放送では初めて）
10：40　総合TV、衛星第2TVの副音声で英語放送をはじめる
13：00　教育TVで近畿ブロックで安否情報開始

当日の総合テレビの放送内容について触れると、17日の午前6時1分には大阪局から地震直後の局内の映像を伝えるとともに、「津波なし」の情報を伝え、6時3分過ぎにマグニチュード7・2、震源地は淡路島と伝えた。

また6時4分過ぎには神戸に帰省中のアナウンサー、6時7分過ぎには神戸局の記者に電話で状況を聞いた。6時10分過ぎからは被害の状況が断片的に入り始め、大阪市内のコンビニエンスストアや新大阪駅、京都駅前のホテルなどの映像が入り、被害の広がりを予測させた。その後家屋の倒壊や火災、高速道路の損壊などの情報や、家屋の下敷きになっている人がかなりいるという情報も入り始めた。

7時過ぎには地震発生時の激しく揺れる神戸局内の映像を伝えるとともに、7時5分過ぎには神戸市三宮で道路に倒れた電柱や崩れた家屋の生々しい被害の状況を伝えた。7時23分ごろには神戸局から中継が始まり、7時25分には神戸市内で発生した大きな火災の映像が入った。

そして8時14分にヘリコプターからの中継映像が入り、神戸市内のあちこちから火災の煙が立ち上り阪神高速道路が倒れている状況を伝えた。こうしてテレビは、刻々と大災害の全容に迫っていったのだった。阪神・淡路大震災のときの放送の大きな特徴は、地震の被害状況や被害の要因、地震のメカニズム、交通情報、電気・ガス・水道などライフラインの情報などの基幹情報はもちろん、家族や旅行中の友人などの安否を気遣う人たちのための安否情報や買い物のできる店や診療してくれる病院などの生活情報をきめ細かく伝えたことだった。それは、テレビやラジオに限らず、多くのメディアに共通した取り組みだった。

大きな被害がでたにも関わらず、関東大震災のときのような大きなデマや社会不安が広がらなかったのは、災害の直後から、テレビやラジオ、新聞、ケーブルテレビなどのメディアが正確な情報を伝え続けたからだといわれている。つまり「阪神・淡路大震災」の報道は、それまでに積み上げてきた「正確」で「迅速」な「きめ細かい」「わかりやすい」情報を伝えるというテレビの災害報道の成果だったといっていい。

《緊急地震速報と報道》

言うまでもなく地震は突然起きる。したがって現在の科学では、直前の予知は困難である。しかし技術の進歩は、それに近い情報の発表を可能にした。

2007年（平成19）10月1日、地震の大きな揺れが襲う前に揺れがくることを伝える「緊急地震速報」の発表が始まった。地震が発生すると、P波と呼ばれる小さな波による揺れの後に、S波と呼ばれる大きな波の揺れが来る。緊急地震速報は、地震の発生後にP波をとらえ、地震の規模や震源地を予測し、大きな揺れをもたらすS波が来る前に情報を出して備えてもらおうというものだ。気象庁は震度5弱以上と予測された際に発表し、わずかな時間でも防災に役立てて欲しいとしている。こうして直前予知が難しい地震についても、「緊急地震速報」は、〝ON TIME〟の情報を生かそうというものだ。

ただ「緊急地震速報」には限界があって、直下地震の震源近くでは間に合わない上に揺れの強さや到達時間に誤差がありうる。また揺れの前といっても余裕は数秒から十数秒しかなく利用の仕方が難しいという指摘があって、当時気象庁と放送局の間でどう放送するかの議論が交わされた。たとえば高速道路を並んで走っている車のうち1台だけが緊急地震速報を聞いてブレーキを踏んだら大きな事故につながりかねないとか、混雑した階段などで何人かが緊急地震速報を聞いて突然逃げ出そうとしたら群衆雪崩が起きかねないといった心配がされた。しかし科学の進展が可能にした新しい情報をなんとか防災に生かしたいと、気象庁を中心とした行政や放送局などが協力して丁寧に情報の特徴を説明して放送することとなった。

そして2008年（平成20年）6月14日の「岩手・宮城内陸地震」の際、効果的に活用されることが確認できた。たとえば山形県鶴岡市の小型モーターの製造会社では揺れの20秒ほど前に速報を受け、高さ3メートルの脚立の上で電気工事をしていた作業員が脚立から降りて揺れに備えることができた。また秋田市では揺れの十数秒前にケーブルテレビで速報を知った家庭で、母親が火の元を確認し、父親と小学校6年生の子どもの合わせて3人で食卓テーブルの下に身を隠すことができた。さらに福島県伊達市の保育園では揺れの30秒ほど前にたまたま見ていたテレビの子ども番組の中で速報が流れ、保育士が部屋にいた園児を一か所に集めて身を低くさせて揺れに備えることができた。

この地震から2週間ほど経ったところで、東京の調査会社であるサーベイ・リサーチセンターが仙台市と盛岡市、それに福島市の、合わせて700人を対象に行ったアンケート調査では、全体の39％にあたる267人がテレビやラジオを通じて緊急地震速報を知ったと答えた。そして「速報が非常に役立った」と「まあ役立った」と答えた人を合わせると全体の55％あって、「あまり役立たなかった」と「まったく役立たなかった」を合わせた45％を10ポイント上回った。多くの人が緊急地震速報を活用して、安全の確保に役立てたいと考えていることがわかったのだ。

1986年（昭和61年）3月（東京では1980年6月1日から）に全国で降水確率予報が始まった時にも、雨が降る確率を暮らしに役立てることができるだろうかという懸念があったが、現在では降水確率予報を見ながらどんな傘を持つかや身支度をどうするかの参考にしている人が多い。新しい情報はそれが有効に利用できることがわかれば、情報の活用方法は社会の中で育っていくということだと思う。

《未曾有の災害　～東日本大震災～》

２０１１年（平成23年）３月11日、午後２時46分頃、東北地方の日本海側を震源として、マグニチュード９・０の超巨大地震が起きた。宮城県栗原市では震度７の猛烈な揺れになったほか、東北地方の太平洋側の沿岸各地を10メートルを超える大津波が襲った。

総務省消防庁の第１６２報によると２０２２年（令和４年）３月８日の段階で、死者は岩手、宮城、福島の３県を中心に１万９、５７９人、行方不明者は２、５５３人にのぼっている。加えて東京電力福島第一原子力発電所は、地震と津波の影響で外部電源が失われた上に非常用発電機も使えなくなるなどして、かつてない事態になった。

この未曾有の大災害に直面して、ＮＨＫは地震発生の２分後から、テレビとラジオの８つのすべての放送波を使って、３日間はすべてのチャンネルで震災の情報を集中して放送した。その後も１週間は総合テレビと衛星第１、ラジオ第１放送で24時間体制で震災報道を続けた。

【地震当日のＮＨＫの放送】

午後2時46分　地震発生
　46分50秒　緊急地震速報
　48分17秒　緊急報道始まる
　49分　気象庁の大津波警報発表
午後6時45分　教育テレビ・ＦＭで「安否情報」
午後7時30分　衛星ハイビジョンで「安否データ放送」

ＮＨＫは地震発生直後の午後2時46分50秒、テレビとラジオの全8波で緊急地震速報を伝え、午後2時48分17秒からは国会中継などの番組を中断して地震発生と大津波警報の発表を伝えた。その後午後2時50分からはラジオ第2放送と総合、ＢＳ1、ＢＳ2、ＨＶ（ハイビジョン）の副音声で、在日外国人向けに英語、中国語、韓国朝鮮語、ポルトガル語による多言語放送を実施した。さらに午後6時45分からは教育、ＦＭで安否放送を始めた。

地震発生から1週間は総合テレビと衛星第1、ラジオ第1では24時間体制で震災報道を続けた。一方教育テレビと衛星第、ＦＭでは被災者や関係者に、必要な情報をわかりやすく伝えるために安否情報と生活情報、避難者情報を中心に伝えた。

【NHKの震災関連の放送時間・3月31日24時まで】

ニュースと番組の総放送時間	約429時間
外国語副音声	約189時間
2か国語放送	約102時間
安否情報	約57時間
生活情報	約26時間
手話	約9時間

過去の教訓や蓄積を生かして態勢を整え、全力で報道に立ち向かった災害だったが、津波による死者・行方不明者の膨大さを目の当たりにすると、住民の避難を進めるためにもっと工夫できる余地があったのではないかという思いが残っている。当時、私はNHKの自然災害や防災を担当する解説委員をしていて、発災直後にはラジオのスタジオに飛び込んで、迫ってくる大津波の映像を見ながら「一刻も早く逃げて欲しい」「できるだけ高いところに避難して欲しい」と呼びかけ続けたが、避難を進めるためにもっと強い口調で伝えるべきではなかったかとか、命の危機に面した緊迫感や切迫感を伝える仕方があったのではなかったかという思いが残っている。それはあの時の災害報道に関わった者に共通した思いで、その後報道現場では〝命令口

調〟を取り入れたり、〝過去の災害を思い出して欲しい〟といった表現などの工夫を重ねたり、刻々と変わる状況を適切に伝えるための実況の仕方などの訓練を繰り返した。津波の報道はリアルタイムで災害の危機からの避難を呼びかけられる報道で、それによって被害の軽減をはかることができるという意味で災害報道の真価が問われるといっていいと思う。メディア自身の検証とそれを生かした次への備えが重要だ。

東日本大震災の災害報道では、かつてなかった取り組みも行われた。それは放送のインターネットへの同時配信だった。テレビやラジオを見る環境のない人にも必要な情報に接することができるように、震災発生から2週間は総合テレビの番組を放送と同時にインターネットで見られるようにした。またラジオ第一放送でも同様の取り組みを行ったほか、地域のニュースもインターネットで公開した。

かつてない大災害を目の当たりにして、NHKだけでなく民間放送も放送中の番組を中断したり、番組内容を大きく変えたりして災害放送に取り組んだ。またケーブルテレビ、地域のFM放送、インターネットを利用したSNSなど様々なメディアがそれぞれの特徴を生かした報道を続けた。

大きな災害が発生すると、日常に比べて多種多様な情報ニーズが発生する。東日本大震災の発生当日に首都圏の住民がどのような情報が欲しかったかを聞いた東京大学大学院情報学環の調査をみると「家族の安否」が最も多く、次いで「地震・津波の規模や発生場所」などと続いているが、置かれた状況によって求める情報のニーズが変わっていることがわかる。大きな地震の直後は多くの人が不安を抱えているだけに、それぞれの立場や状況の人たちが必要とする情報を正確に、しかもきめ細かく伝えていく必要がある（**図16**）。

ＮＨＫなどマスメディアは対象となる地域が全国だったり、都道府県といった広い範囲で、情報の受け手となる人の数が多い。このためマスメディアが伝える情報は電気・ガス・水道といったライフラインや交通機関の復旧情報、役場や公共機関の情報など特定の地域に偏ることが少ない一般的な内容を伝えるのに適している。一方、食料や医療など物資の供給や給水車の予

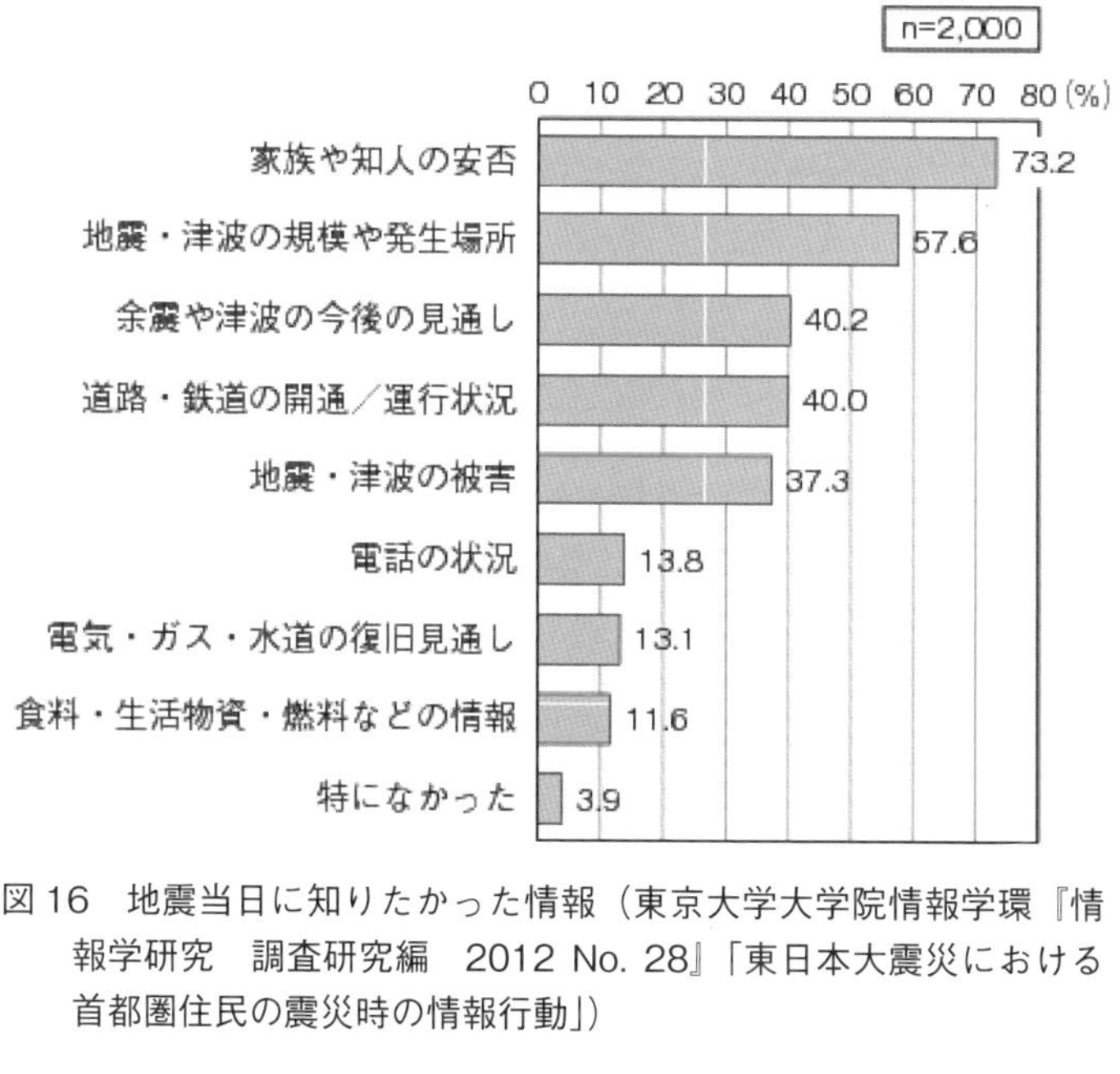

図16　地震当日に知りたかった情報（東京大学大学院情報学環『情報学研究　調査研究編　2012 No. 28』「東日本大震災における首都圏住民の震災時の情報行動」）

定など詳細な生活情報は市町村よりも小さな町内や避難所単位で求められる情報で、ケーブルテレビなど地域メディアが詳細に伝えることが期待される情報だ。

仮にマスメディアが小さな町内や避難所単位の情報を詳しく伝えたとしても、視聴者は一日中テレビやラジオを見聞きすることが難しく、自分に関わる情報がいつ放送されるかわからないために、なかなか必要な情報が得られないということになってしまう。

したがって災害発生後はマスメディアも地域メディアも、また携帯電話やスマートフォンのように個人を対象とするメディアも、すべてのメディアがその特性を生かして情報を伝える必要がある。それによって混乱した社会を安定させ二次災害を減らし、復旧や復興に向けた気運を高めていく。つまり災害発生後は、様々な視聴者のニーズを踏まえて、多種多様な情報を重層的に伝えていく必要があって、ケーブルテレビや地域のＦＭ放送のような地域メディアの役割や期待は大きいものがある。

私はラジオやテレビの放送で地震や津波、行政の支援などの解説だけでなく、寒さの中で練炭や炭で暖をとっている被災者がいると知って「換気をしないと一酸化炭素中毒になる危険がある」とか、「自動車の中で避難生活をしている人は体を動かし水分をとらないとエコノミークラス症候群になる恐れがある」などと呼びかけた。その時に感じたことは、狭い範囲に向けた個別の情報を伝えるにはマスメディアにはどうしても限界があるということだった。ＮＨＫでは地方ごとの放送で病院やスーパーや銭湯などの生活情報を伝えたが、そうしたきめ細かい情報はまだまだ足りなかったと思う。災害発生後の膨大な情報はマスメディアだけでは十分に伝えきれない可能性があって、ケーブルテレビや地域のFM放送などの地域メディアが情報を更新しながら繰り返し伝えることが期待される。

さらに新聞も被災した新聞社が日頃からの連携を生かして発行を続けたり、地元紙が手書きの新聞を発行して被災地に希望をつないだ取り組みなどがあった。様々なメディアがその特徴を生かして正確な情報を伝え続けたことで、社会の不安に応え、被災者と被災地の救援救助に大きな力を発揮したといっていいと思う。

一方で災害報道を難しいものにしたのが東京電力福島第一原子力発電所で繰り返された危機の連鎖だった。3月11日の地震発生当日、福島第一原子力発電所は震度6強の揺れに見舞われた後、高さ15メートルの津波に襲われた。政府は1号機と2号機で原子炉を冷やせなくなったとして、半径3キロ以内に避難指示を出し、「放射性物質による外部への影響は今のところ確認されていない」と発表した。ところが翌12日の午後に1号機で水素爆発が発生した。政府や東京電力の見通しの甘さと対応の遅れが露呈し、「原子力の安全」は一瞬で崩れ去った。

政府の避難の判断は二転三転し、そのたびに地元の自治体と住民は振り回されることになった。当初、政府は「念のため」として半径3キロ以内に出した「避難指示」を翌日の朝には半径10キロに、また夜には半径20キロに拡大した。一日足らずの間に避難の範囲が2度変わり、しかもその情報は自治体に届いていなかった。

その後対策を強化しようと、政府と東京電力が一体となった「統合対策本部」を発足させた4月15日、今度は2号機と4号機で爆発と火災が起きた。さらに3号機のタービン建屋で作業員3人が被ばくした。さらに原子炉を冷やすために注入していた水が高い濃度の放射性物質を含む「汚染水」となって、海に出ているのがみつかった。そのうえ東京電力は、濃度が比較的低い汚染水1万トン余りを新たに海に流すと突然発表した。周辺の漁業者からは十分な説明がないとして非難の声があがり、またもや見通しの甘さを露呈することとなった。

そして4月12日、経済産業省の原子力安全・保安院は、IAEA（国際原子力機関）などが策定した事態の深刻さを表す国際的な基準で、最も深刻な「レベル7」に相当すると発表した。

原発災害では災害時の情報発信や報道のあり方も問われた。記者会見に臨んだ東京電力や原子力安全・保安院などは「ベント」「ドライウェル」「マイクロシーベルト」などといった専門用語と数字を駆使して状況を説明したが、自治体や一般の人にはまったくわからなかった。誰に向かって情報を発表しているのかという意識が欠けていたといっていいと思う。

災害報道についても政府や東電が事故の状況を正確に把握できない中、その発表を基にした報道は「政府や東電の情報を垂れ流している」といった批判が視聴者から寄せられた。当時、私もNHKの災害報道に深く関わっていたが、事態が想定していたよりも早く進んだことや〝まさかメルトダウンには至らないだろう〟〝電源車が来れば事態は好転に向かうだろう〟といった期待や思い込みがあったように思う。それらを踏まえ、災害の報道は①正確な情報を迅速に伝える報道を追求する、②避難情報など住民向けの情報をより積極的に放送する、③視聴者の不安に最大限こたえる報道を目指す、④わかりやすく多角的な報道をする、といった教訓を仲間と一緒に噛み締めた。

原発が立地している双葉町は大震災から11年が過ぎても一人の住民も戻れなかった唯一の町だ。双葉町は原発事故で避難指示が出た11町村の中で唯一県外への集団避難を決断し、約200キロ離れた埼玉県さいたまスーパーアリーナに身を寄せ、その後埼玉県加須市の旧騎西高校に避難した。震災前には約7、000人の住民が暮らしていたが、2021年（令和3年）11月30日現在の県外避難者は2、712人、県内避難者は3、927人だ。

双葉町では2020年（令和2年）3月に常磐線が全線で復旧し、除染が完了した復興拠点（特定復興再生拠点区域）となるJR双葉駅周辺などわずかな場所の立ち入り制限が解除された。そして2022年（令和4年）8月30日に復興拠点の避難指示が解除され、9月5日からは駅前に整備された新庁舎で業務が再開された。双葉町役場は埼玉県加須市や福島県いわき市や郡山市などに機能を分散して業務を続けてきたが、双葉町に戻るのは11年5か月ぶりのことだ。新庁舎は軽量鉄骨2階建てで、延べ床面積は3、150方平メートルで、当面はいわき市などの支所を残し70人ほどの職員が働くという（**写真6**）。10月からは駅の西側の復興住宅で住民の入居も始まり、災害発生から11年経ってようやく復興のスタート地点に立ったということができる。

新たな町づくりを目指す双葉町には、2020年（令和2年）秋に「東日本大震災・原子力災害伝承館」がオープンした。伝承館の中には大震災の証言映像のほかに、原発事故発生当時の住民の避難情報などが書き込まれたホワイトボードなどの記録170点余りが展示された。また地域と原発の歴史も説明され、かつて双葉町に設置されていた原子力をPRする看板も展示されていた。看板の大きさは縦2メートル、横16メートルで、「原子力明るい未来のエネルギー」と書かれていた（**写真7**）。看板は町の中心部の国道6号線沿いに、1988年（昭和63年）から原発事故後の2015年（平成27年）に撤去されるまで掲げられていたという。看板からは、原発が出来た当時の原発に寄せる地域の期待と、原発とともに歩んできた地域の歴史を感じることができる。

大震災直後のアンケートでは福島県の被災地の多くの住民が故郷に戻りたいと答えていたが、時間が経つにつれて様々な事情で戻ることができないという人が増えた。それがそのまま福島の被災地の復興の困難さにつながっている。

写真6　双葉町役場の新庁舎
（令和4年9月12日、筆者撮影）

いうまでもなく、戻った人も、これから戻ろうとしている人も、もう戻れなくなってしまった人も大震災の被災者であることに変わりはない。生活の再建と将来に希望を持って暮らせるようにすることへの支援の手が等しく差し伸べられなくてはいけない。未曾有の複合災害に翻弄され続けている福島県の被災地の人たちに寄り添った報道をどのように進めていくのか。いまだにメディアに問われ続けている大きな課題だ。

《これからの災害報道が目指すもの》

大きくいって災害報道には日頃から防災意識を高め、備えを進めておくことの重要性を伝える事前の段階と災害の危険性が高まってきた際に避難を促す緊急時の段階、それに災害発生後に二次災害を防ぎ、救援や救助に結びつく事後の段階の3つの段階がある。事前の段階は多くの人の防災意識を高めるために地道な情報提供が必要で、緊急時の段階は危険が迫っていることをすべてのメディアが全力を挙げて伝える必要がある。

いうまでもなく我が国は地震、津波、火山の噴火、

写真７　「原子力明るい未来のエネルギー」の看板（「東日本大震災・原子力災害伝承館」）

台風、豪雨といった自然災害と縁が切れない国だ。これらの災害の被害を減らすために、多くの研究者や防災機関が努力を重ねてきたがなかなか被害が減らない。理学の研究者は自然災害の発生のメカニズムを追求し、工学の研究者は災害に強い土木構造物や建築物を造ろうとし、社会科学の研究者や行政は様々な現象の危険性を伝える情報や警報を作って、それをどのように防災に生かすべきかを考えてきた。これらの研究や取り組みの成果は、住民に伝わり、理解され、防災に生かされて初めて効果を発揮する。ここに災害報道の大きな役割がある。つまり防災の科学と住民をつなぐ大きな役割が災害ジャーナリズムに期待されているのだ。

だがそこにもまだ課題がある。２０２０年（令和２年）７月に熊本県の球磨川が決壊した被災地で、気象庁が「明日の朝までに３００ミリの雨が予想される」と発表した時に、どの程度の雨が降ると受け止めたかと聞いたところ「明日の朝までに２５０ミリくらいから３５０ミリくらいの雨が降る」と思ったという答えを聞いた。しかし実際には予想の倍を超える雨が降った。

津波情報についても、気象庁は予測の精度は「倍半分」だといっている。つまりは、「３メートルの津波が来る」と予測しても、倍の６メートルになることも、半分の１メートル50センチになることもあるということだ。相手が自然である以上、現在の科学が迫れる限界といっていいだろう。しかし情報を出す側と受け取る側の意識のずれは重大な問題をはらんでいる。東日本大震災の被災地で「高さ６メートルの大津波警報」が出た時にどのくらいの津波が来ると思ったかと聞いたところ「高さ5ートルメくらいから7メートルくらいの津波が来る」という答えが返ってきたが、情報を出す側は「12メートル」の高さの津波がきてもおかしくないと考えていたということだ。

最近の観測や解析技術の進歩で自然災害に対する科学の理解はずいぶん進んだが、相手が自然である以上、現在の科学はまだまだ未熟だ。だから科学者は災害の発生や危険度を専門用語や数字やパーセンテージで表現する時がある。ところが多くの住民はきめの細かい情報が出されるようになると、科学者の研究や理解が格段に進んだ結果として情報が出されるようになったと思ってしまう。その間を埋めるのが災害ジャーナリズムの大きな役割だといっていい。

したがって災害報道に関わるジャーナリストは、あくまで住民の立場に立って科学者の情報を咀嚼し、翻訳して伝える、いわば「サイエンスコミュニケーター」としての役割が期待されているのだ。そのための準備や勉強を日頃からしておかなくてはいけないことはいうまでもない。

このところ風水害だけでなく、地震や津波、火山の噴火など様々な災害で災害情報を生かして被害を減らそうという取り組みが加速している。背景には最近の地震被害の多発や地球温暖化の影響などで想定を超える豪雨の発生が増えるなどの外的要因と、防災対策を進めるための公共事業費の抑制傾向や少子高齢化に向かう時代状況などの社会の変化がある。

テレビやラジオの災害報道が何を、どう伝え、どう生かすかは、ますます重要な防災のテーマになっているのである。

【参考】

△「1990－1995　雲仙普賢岳噴火報告書」（中央防災会議・災害教訓の継承に関する専門調査会）、「火山に強くなる本」（下鶴大輔監修　火山防災用語研究会編、山と渓谷社）
△室蘭民報（平成30年9月15日朝刊）
△「あすへの道標を求めて～放送70年と阪神大震災～」、NHK放送文化研究所「放送研究と調査」（小田貞夫、1995年3月号）
△「地震災害と報道の役割」（山﨑登、土木施工2007年1月号）
△東京大学大学院情報学環『情報学研究　調査研究編　2012　No. 28』「東日本大震災における首都圏住民の震災時の情報行動」
△「東日本大震災の衝撃～正確で迅速な情報を分かりやすく」（山﨑登、「放送文化2011夏号」
△「東日本大震災の教訓～津波防災対策と報道の役割～」（山﨑登。「海岸」2012。Vol. 51）
△「防災から減災へ―東日本大震災の取材ノートから」（山﨑登、近代消防社刊）
△「第2の伊勢湾台風に備えて」（名古屋地方気象台）
△「岩手・宮城内陸地震に関する調査」（平成20年7月、㈱サーベイリサーチセンター）

第3章　最近の豪雨災害がつきつけた課題

第3章に関連する災害「紀伊半島豪雨」（平成23年台風第12号・2011年9月3日）

東日本大震災が起きた2011年（平成23年）9月3日、台風第12号は午前10時前に高知県の東部に上陸し四国、中国地方を縦断した。台風が大型で動きが遅かったことから、西日本から北日本にかけての広い範囲で記録的な豪雨となった（**写真8**）。特に紀伊半島では総雨量が奈良県の上北山村で1、800ミリに達したほか、各地で1、000ミリを超え、大規模な土砂災害が発生したり、熊野川が氾濫するなどして甚大な被害を出した。消防庁の被害最終報（平成29年8月29日）によると、台風第12号の死者は83人、行方不明者は15人にのぼった。この災害をきっかけに気象庁の「大雨の特別警報」ができるなど我が国の風水害対策に大きな見直しを迫った。（この本の中で、「大雨」と「豪雨」の2つの用語を使っているが、どちらも「大量に降る雨」「激しい勢いで大量に降る雨」といった意味あいだが、「大雨」は「注意報以上の雨」、「豪雨」は「著しい災害が発生した大雨」といった使い分けをしたい。）

写真8　紀伊半島豪雨の深層崩壊（筆者撮影）

1・深層崩壊に備える　紀伊半島豪雨（平成23年台風第12号）

かつては考えられなかったような猛烈な雨が日本中の至るところで降るようになり、毎年のように各地で豪雨による河川の氾濫や土砂災害の被害が出ている。私は長くＮＨＫで自然災害や防災を担当する記者や解説委員をしてきたが、40年近く前の昭和の終わりから平成の始め頃に気象庁の記者クラブに所属して取材をしていて「1時間に１００ミリの雨が降りました」という原稿を書いた記憶がない。ところが最近は梅雨や秋雨、夏の雷雨やもちろん台風の際に、頻繁に1時間に80ミリとか１００ミリの雨が降ったというニュースをみかけるようになった。こうした従来の水害対策の想定を超える豪雨は、我が国の防災対策に様々な課題を突き付け、対策の見直しを迫っている。

そこで第3章では、私が被災地を取材した最近の豪雨災害を整理しながら、それぞれの災害が突き付けた課題と求められる対策をみていきたい。

紀伊半島で甚大な被害を出した「平成23年台風第12号」の深層崩壊の現場をヘリコプターから見た時の驚きを今も忘れないでいる（**写真9**）。山の稜線付近から大きくえぐられるように崩れた斜面の広がりの大きさとともに、土砂が流れた先に点在する住宅はいかにも危険なものに思われた。

２０１１年（平成23年）９月の台風第12号では、紀伊半島の各地で降り始めからの雨量が１、０００ミリを超える記録的な大雨が降って、奈良県や和歌山県などの72か所で深層崩壊が次々に発生し、土砂によるせき止め湖が17か所もできた。この災害による死者・行方不明者は98人にのぼったが、６割近い57人までが土砂災害による犠牲者だった。

一般的な土砂災害は「表層崩壊」と呼ばれ、斜面が深さ１メートルから２メートルくらいの比較的浅いところで崩れる。ところが深層崩壊は、深さ数メートルから数十メートル近い深いところの岩盤から一気に崩れる大規模な崩壊現象だ。

深層崩壊の大きな特徴として３つの点を上げることができる。一つは土砂の動きは突発的で、一過性であることが多いこと。２つめは土砂の移動速度が速いこと。そして３つめは表層崩壊に比べて土砂の量が多く、到達距離が長く、範囲も広いことだ。

このため大量の土砂が集落をまるごとのみ込んだり、河川をせき止めて天然のダムを造り、それが崩壊する２次的な災害も心配される。災害の規模が大

写真９　紀伊半島豪雨の深層崩壊
（平成25年５月、著者撮影）

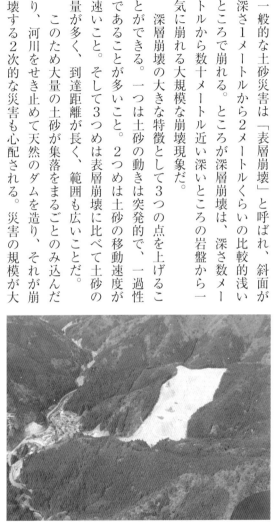

きくなりがちで、自治体にとって対策の難しい災害だといっていい（図17）。

世界の土砂災害の専門家や防災関係者を驚かせた深層崩壊は、2009年（平成21年）8月に台湾で起きた。台湾南部のなだらかな山の麓に広がる小林村《しょうりんむら》は村がまるごと土砂にのみこまれ、約500人が亡くなった。

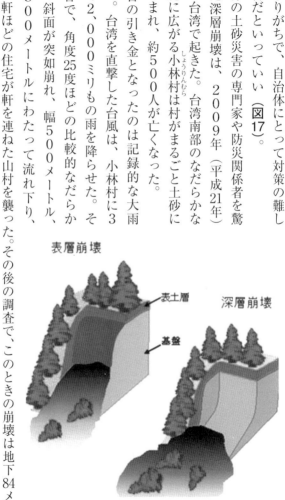

災害の引き金となったのは記録的な大雨だった。台湾を直撃した台風は、小林村に3日間で2,000ミリもの雨を降らせた。その影響で、角度25度ほどの比較的なだらかな山の斜面が突如崩れ、幅500メートル、長さ800メートルにわたって流れ下り、170軒ほどの住宅が軒を連ねた山村を襲った。その後の調査で、このときの崩壊は地下84メートルもの深いところの岩盤から起き、土砂の速さは時速100キロにも達していたという。

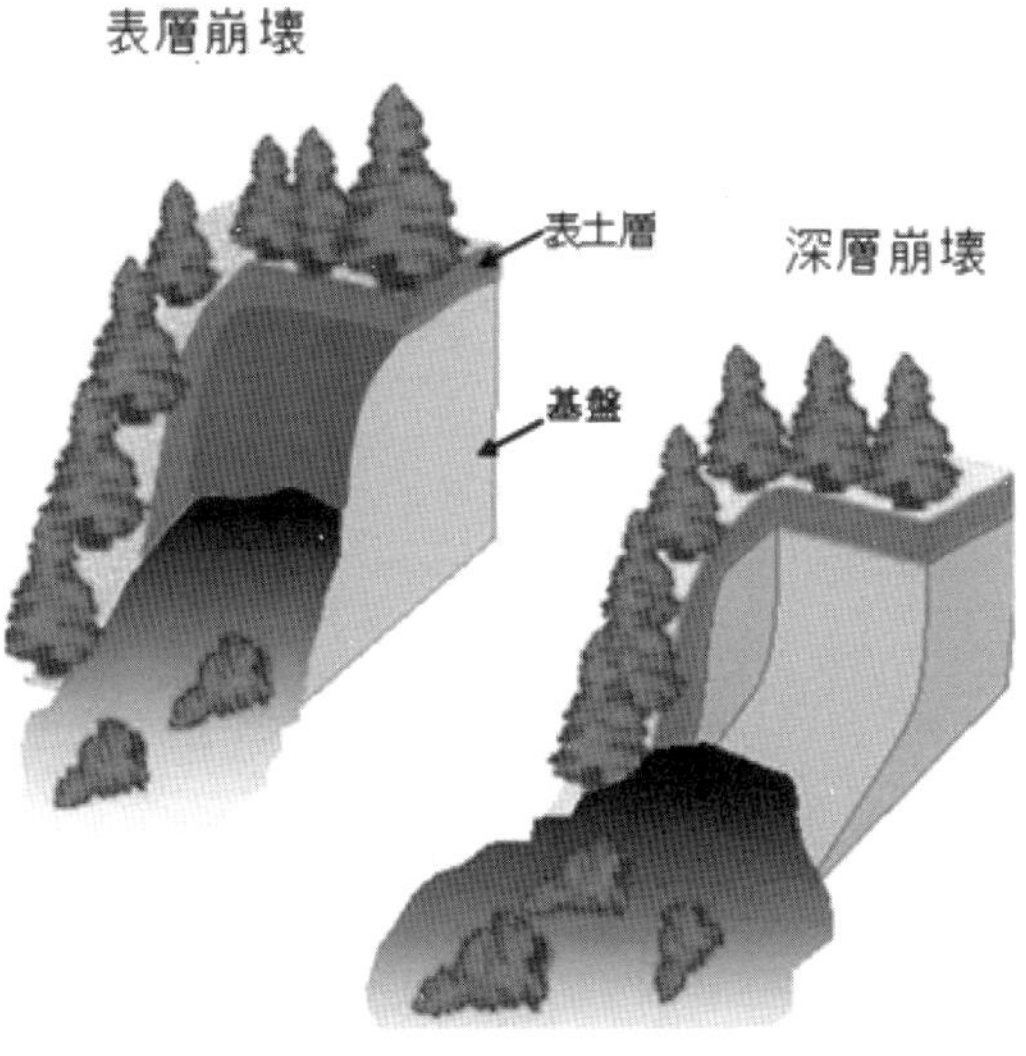

図17　表層崩壊と深層崩壊のイメージ図（国土交通省）

私はこの災害を取材し日本でも深層崩壊への備えが必要だと伝える「NHKスペシャル　深層崩壊が日本を襲う」（2010年6月27日放送）のキャスター役を務めたが、台湾の防災対策を担う水土保持局が作ったた土砂災害のハザードマップでは、小林村の2本の渓流沿いにいくつかの危険箇所が示されていたがこれほど大規模な崩壊が起きる予測はされていなかった。

さらに土砂は川をせき止めて天然のダムを造った。降り続く大雨でダムの水位は急激に上昇し、1時間後には水があふれ出し、ついには崩れて決壊し激流となって下流を襲った。小林村から10キロ下流の和安村では、橋や道路が次々に破壊され、川沿いの住宅が押し流され、ここでも大きな被害がでた。この記録的な豪雨と深層崩壊によって、台湾全土の犠牲者は700人以上にのぼり、家屋の倒壊は10万戸以上に達した。深層崩壊の怖さを世界に見せつけるとともに、対策の重要性を知らしめた大災害だった。

日本では表層崩壊による一般的な土砂災害は毎年全国で1、000件余り起きているが、深層崩壊は10年間に数十件ほどの発生だった。

ところがこのところ地球温暖化の影響などで、かつてはなかったような猛烈な雨が各地でたびたび観測されるようになり、深層崩壊の危険性が高まっている。気象庁では、全国の約1、300か所のアメダスで雨の観測をしているが、その多くの地点で1970年代後半から40年程度のデータの蓄積がある。長期的な気象現象の影響を調べるには、さらにデータの蓄積が必要だが、これまでのデータから、一時間の降水量が80ミリを超える大雨の回数や1日の降水量が400ミリを超える猛烈な雨が降り続く回数が増える傾向にあることがわかる（図18）。

したがって台湾や紀伊半島で起きた深層崩壊は、今後日本各地の山あいの地域でも起きる可能性がある。気候が変わり、災害の様相が変わってきたということだ。

国土交通省は２０１２年（平成24年）11月、初めて市町村向けに深層崩壊に備えるチラシをつくって対策を呼びかけた。チラシは「深層崩壊に対する取り組み」と題したＡ４版サイズで、中には深層崩壊の説明や全国の危険箇所の調べ方などが記されている。

深層崩壊についての調査や研究は始まったばかりで、国土交通省が公表したチラシにも、これをすればいいというきちんとした処方箋が書かれているわけではない。それでも最近の研究で少しずつ分かってきたことがある。

まず深層崩壊は風化して壊れやすくなった岩盤が、大雨によって一気に崩れることがわかってきた。岩盤内の地下水は比較的ゆっくりと流出することから、総雨量が大きく関係している

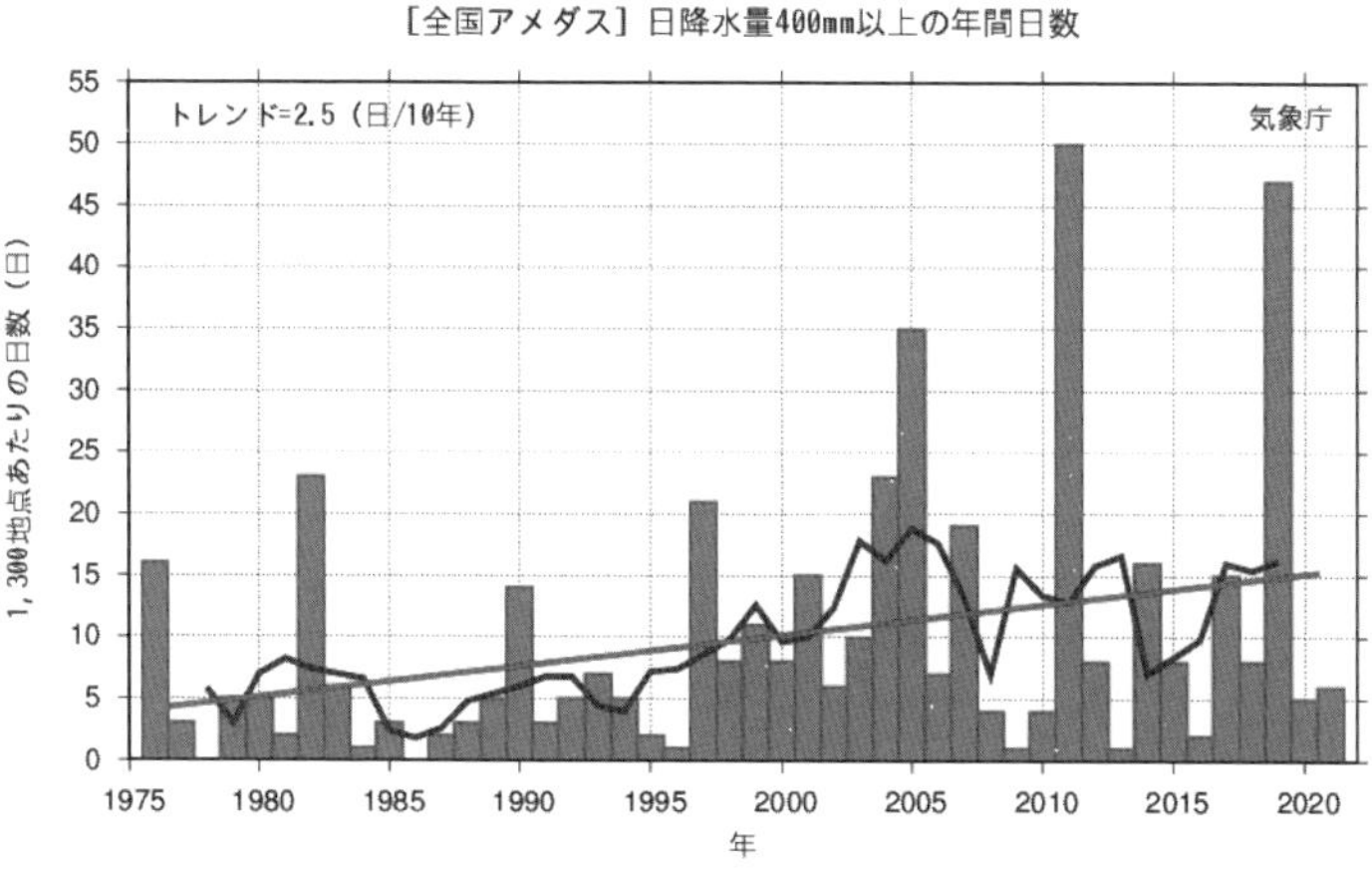

図18　１日の降水量が400ミリ以上となった年間の回数（気象庁）

こともみえてきた。そのため雨が降り終わった後に発生する場合もある。

また調査を進める中で、過去にも深層崩壊による大災害が起きていたこともわかってきた。たとえば1889年（明治22年）8月の台風では、奈良県十津川村周辺に1,000ミリを超える豪雨が降って、十津川村周辺の各地で深層崩壊が発生し、天然ダムが53か所もできた。崩れた土砂の量は2,000万立方メートルに及び、「吉野郡水災誌」によると、十津川村を含む吉野郡内12村の死者は249人、流出家屋は365軒にのぼった。耕地や山林の被害も甚大で、被災状況を調査した当時の県の役人が、復旧には30年以上かかると記したという。この災害をきっかけに、十津川村では641世帯、2,587人が集団移住を決断し、北海道に新十津川町ができた。

国土交通省では、そうした明治以降に発生した深層崩壊の事例を調査し、過去に深層崩壊が多く起こっている地質や地形の範囲を地図上に示した「深層崩壊推定頻度マップ」や空中写真を判読するなどして渓流単位でも相対的な危険度を色別で示した地図を公表している（図19）。

いうまでもなく、こうした調査結果は次の災害を防ぐために役立てたいという狙いがある。土砂災害の危険がある市町村は自分のところの危険箇所を把握し、そうした場所の土地利用の仕方を考える必要がある。深層崩壊の危険がある場所に福祉施設や住宅などを建てないようにするとともに、現在ある建物については計画的に移転させていくといった地道な対策を検討することが重要だ。

さらに避難態勢の見直しも必要だ。各市町村が発表しているの土砂災害のハザードマップは表層崩壊を想定したものになっている。したがって避難路や避難場所も深層崩壊を想定したものにはなっていない。深層崩壊の危険がある地区では住民に深層崩壊の怖さや危険性を説明し、必要な場合は避難場所や避難路を見直すとともに、一定量の雨が降って、その後も大雨が続く予想がでた場合の避難の仕方をあらかじめ考えておく必要がある。深層崩壊はひとたび起きると甚大な被害が出る恐れがあるから、できることから対策を進めておく必要があると思う。

図19　深層崩壊推定頻度マップ
（国土交通省 砂防部）

消防庁の被害最終報（平成29年8月29日）によると、紀伊半島豪雨をもたらした「平成23年台風第12号」の死者は83人、行方不明者は15人にのぼった。こうした重大な災害が発生する危険性を伝えきれなかった反省から、2013年（平成25年）8月から大雨の特別警報が導入された。

2・1級河川が決壊する　平成27年9月 関東・東北豪雨

紀伊半島豪雨から4年後の2015年（平成27年）9月9日から11日にかけて、日本列島を挟んだ台風第17号と台風第18号の2つの台風の影響で、線状降水帯と呼ばれる発達した積乱雲の帯が関東北部にかかり続け、記録的な豪雨となった。1級河川である鬼怒川の上流にあたる栃木県の五十里《いかり》では10日の午前6時30分までの24時間の雨量が551ミリに達した。河川は大きくなればなるほど流域面積が広くなるから、離れたところで降った雨によって水位が上がることがあるが、上流部の広い範囲で降った大雨を集めて鬼怒川はゆっくりと水位が上昇し、100キロほど下流の茨城県常総市付近で決壊した。

国土地理院によると、常総市の浸水面積は南北方向に最大18キロ東西方向に最大4キロ、面積にして約40平方キロに及んだ。浸水の深いところでは大人の首の高さまで浸かり、男性2人が亡くなった。また逃げ遅れて孤立し、自衛隊などのヘリコプターなどで救助された人は4、

000人以上にのぼった。この災害を、気象庁は「平成27年9月関東・東北豪雨」と名付けた。

鬼怒川の堤防が決壊した時刻が9月10日の12時50分頃と昼間の時間帯だったことから、テレビは勢いよく流れ出す褐色の濁った水が住宅地を押し流し、取り残された人たちが電柱につかまったり、ベランダや屋根で救助を求めたりしている衝撃的な映像を伝え続け、大きな河川の堤防が決壊した時の洪水の怖さを強く印象づけた（**写真10**）。

国土交通省によると、この災害で関東北部や東北南部などで72の河川が氾濫し、このうち茨城県の鬼怒川の他、栃木県那須塩原市の箒川、宮城県大崎市の渋井川など3つの県の19の河川で堤防が決壊した。

写真10　鬼怒川決壊現場の堤防の復旧工事
（決壊から6日後・筆者撮影）

河川には利根川や木曽川のように、2つ以上の都府県にまたがって流れる規模が大きく、主に国が直接管理する1級河川とそれ以外で比較的大きな2級河川がある。1級河川は堤防が壊れたり、氾濫したりすると大きな被害につながることから、2級河川よりも厳しい基準で整備や管理が行われている。

【近年の主な1級河川の決壊】

2004年（平成16年）　円山川（兵庫県）
2006年（平成18年）　天竜川（長野県）
2011年（平成23年）　子吉川（秋田県）
2012年（平成24年）　矢部川（福岡県）
2015年（平成27年）　鬼怒川（茨城県）
2018年（平成30年）　小田川（高梁川水系・岡山県）
2019年（令和元年）　千曲川（長野県）
　　　　　　　　　　阿武隈川（福島県）
2020年（令和2年）　球磨川（熊本県）

ところが近年、1級河川の堤防の決壊がたびたび起きるようになった。2004年（平成16年）には兵庫県の円山川が決壊し、豊岡市で8、000棟を超える住宅が水に浸かったほか、2006年（平成18年）には天竜川上流、また2012年（平成24年）の九州北部豪雨では福岡県の矢部川が決壊した。また関東・東北豪雨後も2018年（平成30年）の西日本豪雨では、高梁川水系の小田川が決壊し、岡山県真備町の3分の1が水に浸かる甚大な被害を出した。さらに2019年（令和元年）の東日本台風では長野県の千曲川や福島県の阿武隈川、そして2020年（令和2年）には熊本県の球磨川が決壊した。

2015年（平成27年）の関東・東北豪雨で決壊した鬼怒川も1級河川で、国が直接管理していた区間の堤防が幅200メートルに渡って壊れた。より厳しい基準で管理されていた鬼怒川の堤防がなぜ決壊したのだろうか。背景には雨の降り方が影響したと考えられる。

最近の豪雨災害では1時間に80ミリとか100ミリといった猛烈な雨が降ることが多くなっているが、関東・東北豪雨ではそうした雨は降らなかった。1時間に40ミリから50ミリの雨が10時間ほど続くという降り方をした。最近の1時間に100ミリといった豪雨は土砂災害の引き金になりがちだが、この時は長時間にわたって雨が続いたことで、広い流域から水が集まり、河川の堤防が決壊する災害になったのではないかとみられた。

気をつけなくてはいけないことは、最近1日の降水量が多くなる雨の降り方をする日が多くなっていることだ。1日の降水量が200ミリ以上になった日数は、最近の30年間（1977年～2006年）と20世紀初頭の30年間（1901年～1930年）を比べると1・4倍に増えている。かつてそうした雨は西日本の太平洋側で降ること多かったが、最近は東日本や北日本でも降るようになった。

この災害では常総市の対応に批判が集まった。災害後に災害対策の拠点となるべき市の庁舎が60センチから70センチの浸水被害を受け、建物の1階に設置されていた非常用発電機が使用できなくなった。また駐車場は1メートルほど浸水し、職員の車など約300台が被害を受け、公用車の3分の1ほどが使えなくなった。常総市は市民に鬼怒川が氾濫した場合の洪水のハザードマップを事前に配布していた。そこには広い範囲が2メートルから5メートル浸水することが記載されていて、ほぼそのとおりの被害状況となった。市役所周辺も1メートルから2メートル浸水すると予測されていたが、市はそれに見合った対策をとっていなかった。職員や避難してきた多くの住民が2日にわたって孤立した。

また住民への避難の呼びかけも混乱した。まず、決壊現場に近い地区に避難指示を発表していなかった。常総市は河川の水位だけでなく住民からの通報などを避難指示を発表する基準の一つとしていて、地区ごとに避難指示を発表したが、常総市の中で情報が錯綜したことなどから決壊現場に近い地区には出されなかった。また避難勧告や避難指示の情報を防災行政無線に加えて「緊急速報メール」として市内の携帯電話に一斉にメールを送ることにしていたが、送信していなかった。さらに広域避難の観点も欠いていて、堤防が決壊後、防災行政無線やホームページで住民に「西側に逃げる」ように呼びかけた。鬼怒川東側の浸水地域の住民にとっては、堤防が決壊し濁流が流れてくる鬼怒川方向に向かえということで、常総市は「東側はつくば市など他の自治体で、市内の高台がある西側への避難を呼びかけた」と説明した。この避難の呼びかけに、住民からは怒りや批判の声が相次いだ。こうして大きな河川の氾濫が起きた際の広域避難のあり方が大きな課題として浮かび上がった。

【鬼怒川の決壊現場付近に出された情報】

9月9日午後11時　避難判断水位を超え「氾濫警戒情報」発表
10日午前0時15分　氾濫危険水位を超え「氾濫危険情報」発表
午前0時20分　栃木県に「大雨の特別警報」発表
午前2時20分　常総市が北部に最初の避難指示発表
6時過ぎ　上流の若宮戸地区で水が溢れる
7時45分　茨城県に「大雨の特別警報」発表
10時30分　常総市が三坂町地区の一部に「避難指示」発表
午後0時50分　三坂地区で鬼怒川が決壊
常総市は「川の西側への避難」を呼びかける

国土交通省によると、1949年（昭和24年）以降、鬼怒川決壊の記録はなかった一方で、市の東側を流れる小貝川は1986年（昭和61年）に決壊し、大きな被害をだした。市の職員や住民にはその記憶が強く、「小貝川は決壊するが、鬼怒川は大丈夫だ」と思っていた人が多かったという。また2011年（平成23年）の東日本大震災で震度6弱の強い揺れを経験したことから、その後の防災訓練は地震災害を想定することが多く、洪水への備えが疎かになっていたとも指摘された。この災害は自治体と住民に対して、地域のリスクを正確に把握して、勝手な思い込みをなくして、地震や津波、洪水や土砂災害、それに火山の噴火といった、あらゆる災害に対して想像力を働かせ、危機感を持って防災対策を見直し、防災意識を高めておかなくてはいけないことを教えた。

3・ハザードマップの情報が生かされない　西日本豪雨（平成30年7月豪雨）

関東・東北豪雨から3年後の2018年（平成30年）6月下旬から7月上旬にかけて、前線や九州の西の海上を日本海へ進んだ台風7号の影響で西日本を中心に記録的な豪雨となって大きな被害がでた。6月28日から7月8日までの降り始めからの雨量は高知県の馬路村魚梁瀬で1852・5ミリ、岐阜県郡上市ひるがので1、214・5ミリ、宮崎県えびの市えびので995・5ミリに達するなど7月の平年の降水量の2倍から4倍となったところがあった（図

20）。

また九州北部から北海道までの観測地点で、24時間の降水量が観測史上1位となったのが76地点、48時間降水量で124地点、72時間降水量が122地点にのぼり広い範囲で長時間の記録的な豪雨となり、7月6日から8日にかけて、九州北部から四国、中国、近畿、東海の11の府県に大雨の特別警報が発表された（写真11）。

この災害の被害は甚大で、国土交通省のまとめでは岡山県倉敷市で小田川の堤防2か所が決壊したほか45の1級河川の206か所で堤防が損壊したり、水が溢れたりするなどの被害がでた。またがけ崩れが836件、土石流が347件起きるなど1、228件の土砂災害が発生した。

2016年（平成26年）8月に77人の犠牲者を出す土砂災害が起きた広島県では、坂町の小屋浦地区などで土砂災害警戒区域の指定が行われていなかった地区で被害がでた。土砂災害警戒区域は土砂災害防止法に基づいて都道府県が指定するもので、市町村は避難場所や避難経路を検討し、情報の伝達体制を作って避難態勢を整備することが求

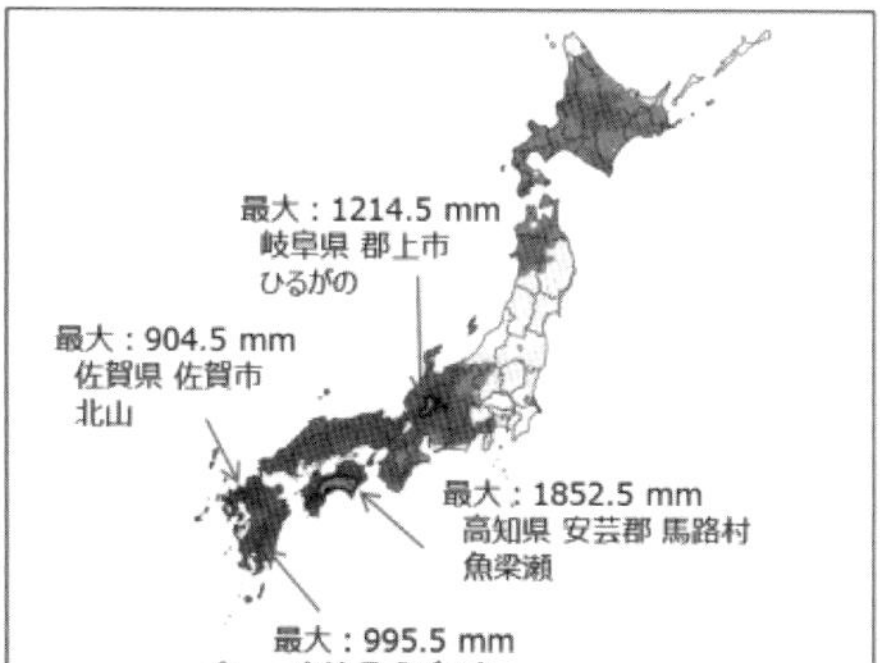

図20　「平成30年7月豪雨」の降水分布
（期間：6月28日から7月8日・気象庁）

められる。広島県には全国で最も多い約3万2,000箇所の土砂災害危険箇所があって、西日本豪雨の翌年度の末までに指定を終える計画だったが間に合わなかった。

そのほか広島県や兵庫県などで農業用水を確保するために造られたため池が決壊し下流の住宅が流されるなどの被害がでて、広島県福山市では3歳の女の子が死亡した。また愛媛県の肱川では、上流にある2つのダムが満水に近づき、流入量とほぼ同量を放流する「異常洪水時防災操作」(ただし書き操作)が行われ、下流の大洲市や西予市で大きな被害がでた。

消防庁の被害報第59報によると、死者は広島県で115人、岡山県で66人、愛媛県で31人など14府県で237人にのぼり、8人が行方不明になった。平成以降の豪雨災害で最大の被害となった。

大きな被害をうけた倉敷市真備町で、1級河川である高梁川に流れ込む小田川の北側の堤防が2か所で決壊した。国土交通省などによると、比較的急勾配な高梁川は緩やかな流れの小田川と合流後に大きく蛇行している。このため大雨で2つの川が増水し

写真11　地区の3分の1が浸水被害にあった真備町
(岡山県倉敷市・筆者撮影)

た際には、小田川の水が流れにくくなって逆流し、小田川の水位が急に上昇するバックウォーターと呼ばれる現象が起きる。今回もそうした現象が起きたとみられている。

このため高梁川と小田川の合流位置を4・6キロ下流に付け替える工事が西日本豪雨の年の秋から始まる計画だった。この工事が完成すると、小田川の真備町付近の水位は約5メートル低下すると見込まれていたが間に合わなかった。

小田川に限らず、全国の河川の整備はそれほど進んでいない。国土交通省によると、全国の1級河川で堤防が必要な箇所の総延長は約1万3、400キロあるが、堤防が整備されたのは約9、000キロと全体の3分の2にとどまっている。今後20年から30年かけて整備する計画が完了しても80％ほどだ。全国で優先順位をつけて河川の整備を急いで欲しい。

災害後に倉敷市真備町の浸水の広がりと深さについて、国土地理院が国土地理院が推定した結果は多くの防災関係者を驚かせた（図21、図22）。

この災害による岡山県倉敷市真備町の浸水範囲は東西約7キロ、深い所では5メートルにもなっていた。住宅の2階に避難しても溺れる恐れのある深さだ。また浸水面積は約1、100ヘクタールに及び、町の面積の27％に達していたが、この浸水状況は倉敷市が事前に配布していた洪水のハザードマップとほぼ重なっていた。ところが災害直後に真備町の住民に聞いた調査では、「ハザードマップを見たことがある」と答えた人は51％、「ハザードマップを知らなかった」が25％、ハザードマップを事前に見て「内容を理解していた」人は24％しかいなかった（図

図 21　倉敷市真備町浸水推定図（国土交通省）

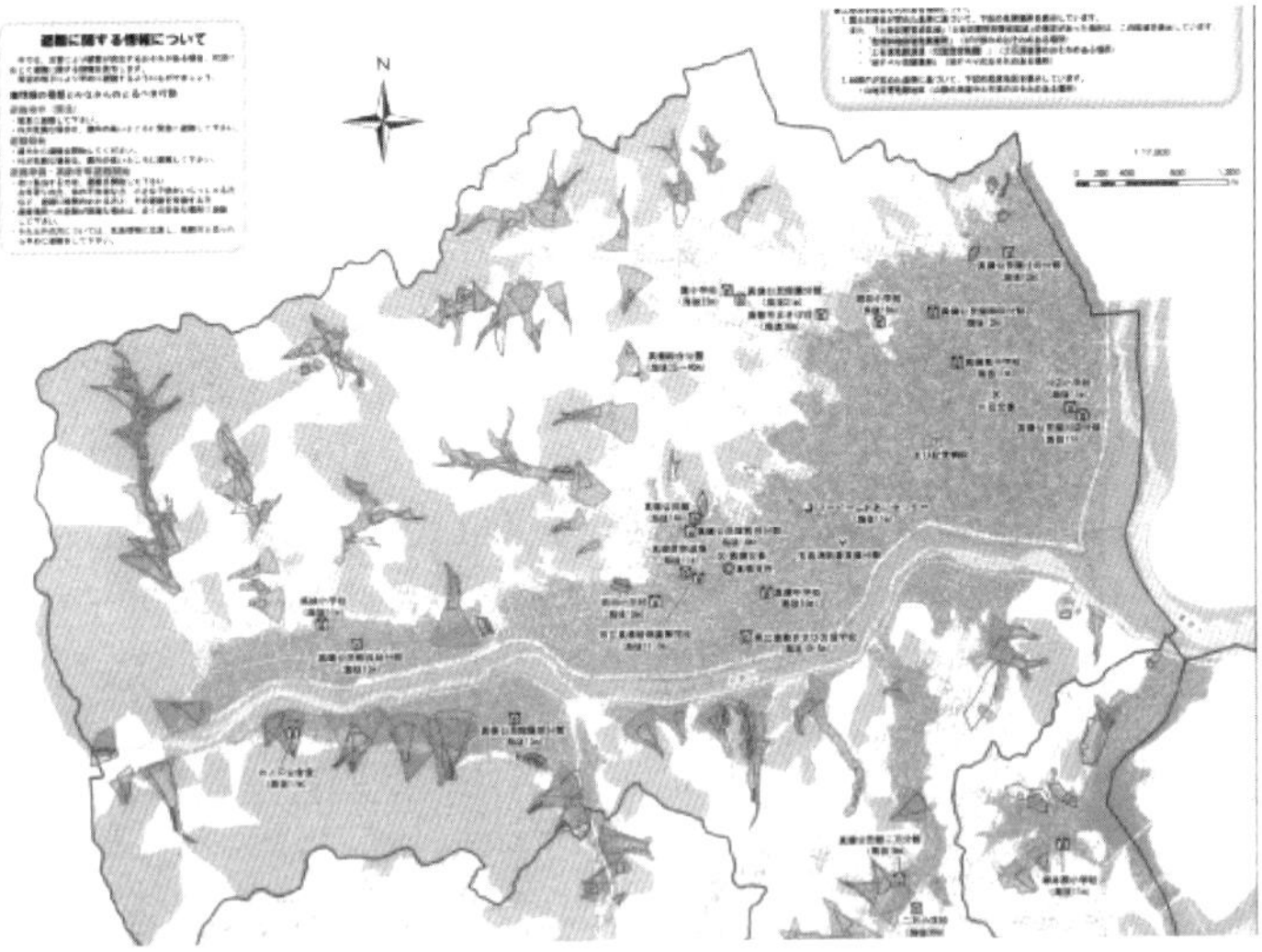

図 22 倉敷市洪水・土砂災害ハザードマップ（真備・船穂地区）

23）。

ハザードマップについては過去の災害でも同じようなことがあった。２０１５年（平成27年）９月の関東・東北豪雨では茨城県常総市を流れる鬼怒川が決壊し、避難が遅れるなどして多くの住民が孤立し、自衛隊や消防などのヘリコプターや地上部隊によって救助された人は約４，３００人にのぼった。

避難が遅れた理由の一つとして指摘されたのが、洪水ハザードマップが生かされなかったことだった。災害後に中央大学が常総市の住民５００人余りにヒアリング調査をしたところ、61％の人が「ハザードマップを知らない、見たことがない」と答えた。「家族でハザードマップの内容を確認していた」は７％、「ハザードマップを見て、

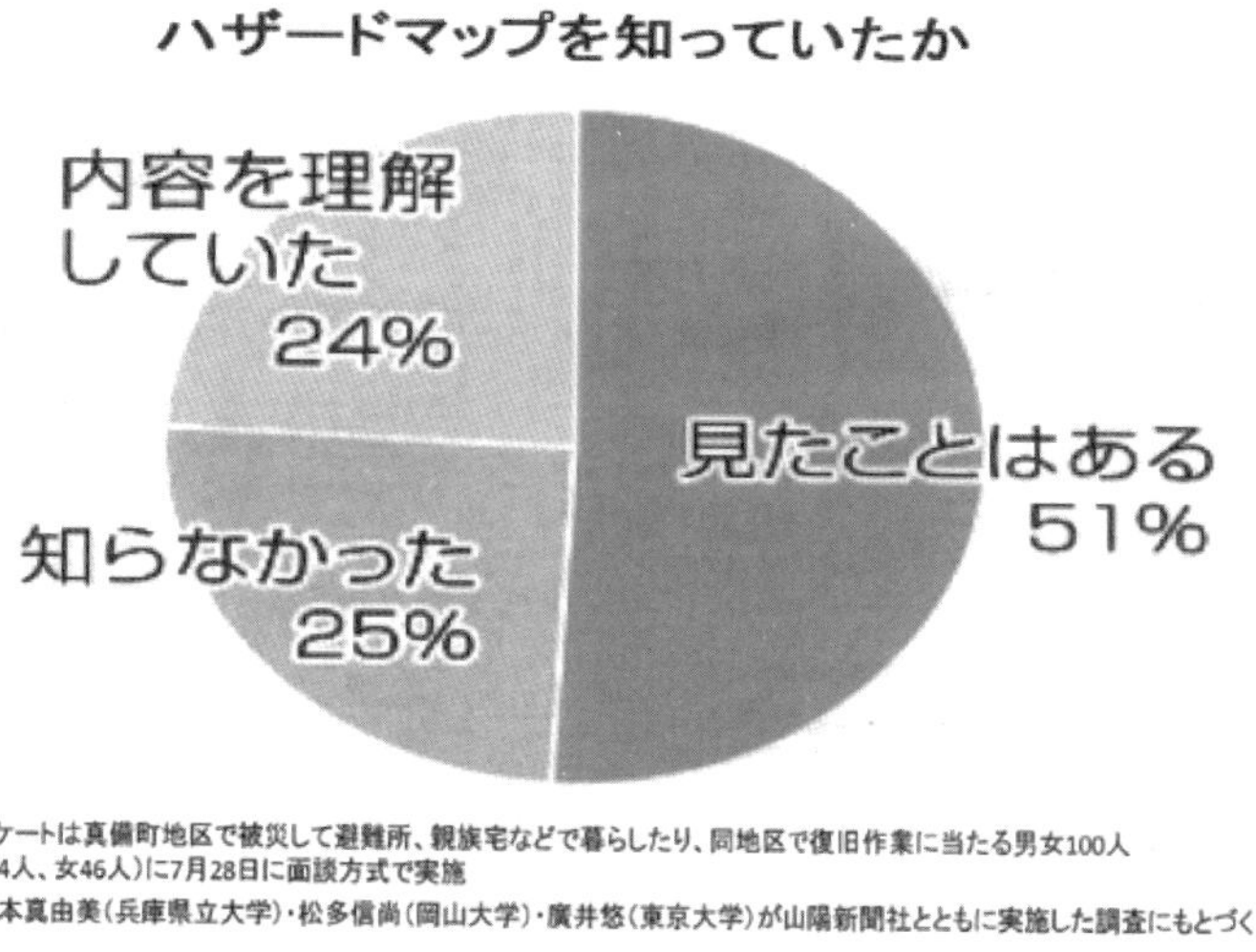

アンケートは真備町地区で被災して避難所、親族宅などで暮らしたり、同地区で復旧作業に当たる男女100人（男54人、女46人）に7月28日に面談方式で実施
※阪本真由美（兵庫県立大学）・松多信尚（岡山大学）・廣井悠（東京大学）が山陽新聞社とともに実施した調査にもとづく

図23　（内閣府「平成30年7月豪雨による水害・土砂災害からの避難に関するワーキンググループ」資料）

自分の家がどの程度浸水する可能性があるかわかっていた」は6・4％しかなかった。

洪水のハザードマップは、河川の堤防が決壊した際に、どこにどのくらいの浸水があるかやどこへ逃げればいいかを地図上に示したもので、全国の1、300以上の市町村で作られ、住民が避難を考える上で重要な情報だ。にもかかわらず、ハザードマップの情報は住民に届いていないし、防災に生かされていないことが明らかになった。

また西日本豪雨では大雨の際に発表される防災気象情報が多すぎてわかりにくいという声が高まり、翌年の2019年（令和元年）5月から「防災情報の5段階の警戒レベル化」が始まった。情報の重みが住民に伝わらず避難に結びつかなった反省が残ったからで、国は防災気象情報や市町村の避難の情報を5段階の警戒レベルに整理して発表することにした。警戒レベルは1から5までで、数字が大きくなるほど災害の危険性が高くなることを意味している。「大雨・洪水警報」は「レベル3」、「土砂災害警戒情報や氾濫危険情報」は「レベル4」、「特別警報」は「レベル5」だ。たとえ一つ一つの情報になじみがなくても「レベル4」で全員が避難と覚えてもらおうというものだ。

4・スーパー台風がやってくる　東日本台風（令和元年台風第19号）

西日本豪雨の翌年の2019年（令和元年）10月10日から13日にかけて本州に接近上陸した台風第19号の甚大な被害に、政府は「特定非常災害」に指定した。「特定非常災害」は、1995年（平成7年）の阪神・淡路大震災に対応するために作られた制度で、大規模な非常災害が起きた場合、被災者に運転免許の更新時期が過ぎても有効期間が延長できたり、期限内に提出できなかった届出などが猶予されるなど行政上の特例措置が適用される。これまでに阪神・淡路大震災のほか、2004年（平成16年）の新潟県中越地震、2011年（平成23年）の東日本大震災、2016年（平成28年）の熊本地震、2018年（平成30年）の西日本豪雨が指定されていて、令和元年台風第19号は6回目だ。

消防庁の第65報によると、この台風の被害は死者99人、行方不明者3人、住宅の全壊3、280棟、半壊は2万9、638棟にのぼった。気象庁は顕著な災害をもたらした自然現象に名称をつけることにしていて、1977年（昭和52年）の「沖永良部台風」以来42年ぶりに「東日本台風」と名付けた。

かつてNHKで自然災害担当の記者をしていた頃、気象庁の予報官に「急速強化」する台風は気をつけなくてはいけないと教えられたことがあったが、東日本台風はまさにそうした台風だった。

東日本台風は10月6日の3時頃に南鳥島の南の海上で発生した。6日の9時には996ヘクトパスカルだったが、7日の9時には965ヘクトパスカル、8日の9時には915ヘクトパスカルと急速に発達した。中心付近の最大風速は6日の18時から7日の18時までの24時間で23メートル／sから55メートル／sに強まって猛烈な台風となった。風速15メートル／s以上の強風域の半径が最大で700キロに達し、大型の台風となった。その後も大きく勢力を弱めることなく北上を続け、上陸直前まで非常に強い勢力を保ち続けた。そして12日の19時頃、静岡県の伊豆半島に上陸し、関東甲信地方と東北地方を北上した。上陸時の気圧は955ヘクトパスカル、中心付近の最大風速は40メートル／sだった。

台風の勢力が強まったのは海面水温が高かったからだ。台風は26度から27度以上の暖かい海からエネルギーを得て勢力を増したり保ったりするが、台風第19号が進んだ日本の南の海面水温は30度を超えていて、海の中の温度も深さ50メートルまで29度を超えていた（図24）。

東日本台風では東日本と東北地方を中心に広い地域で記録的な豪雨となり、10月10日から13日までの降水量は神奈川県箱根町で1,000ミリ、伊豆市伊豆山で760ミリ、埼玉県秩父市687ミリに達した。東日本を中心に17地点で500ミリを超え、各地で観測史上1位の記録を更新した。気象庁は東京都のほか、静岡、神奈川、埼玉群馬、山梨、長野、茨城、栃木、新潟、福島、宮城、岩手の1都12県に大雨の特別警報が発表した。2018年（平成30年）の西日本豪雨では11の府県に特別警報が発表されたが、それを上回った。

　気象庁は東海地方から東北地方にかけて記録的な豪雨となった要因として3点を指摘した。一つ目は大型で非常に強い勢力をもった台風の接近によって多量の水蒸気が流れ込んだこと、二つ目は局地的な前線の強化と地形の効果などで持続的に上昇流が形成されたこと、三つ目は台風の中心付近の雨雲の通過だ。

　確かに豪雨の要因がそうした気象条件によってもたらされたと説明されれば納得できる。しかし問題はこうした豪雨がこの年だけの特別なことではなく、このところ毎年のように各地で記録的な豪雨が降って大きな被害がでていることだ。

　西日本豪雨の後の分析で、気象庁は「今回の豪雨には、地球温暖化に伴う水蒸気量の増

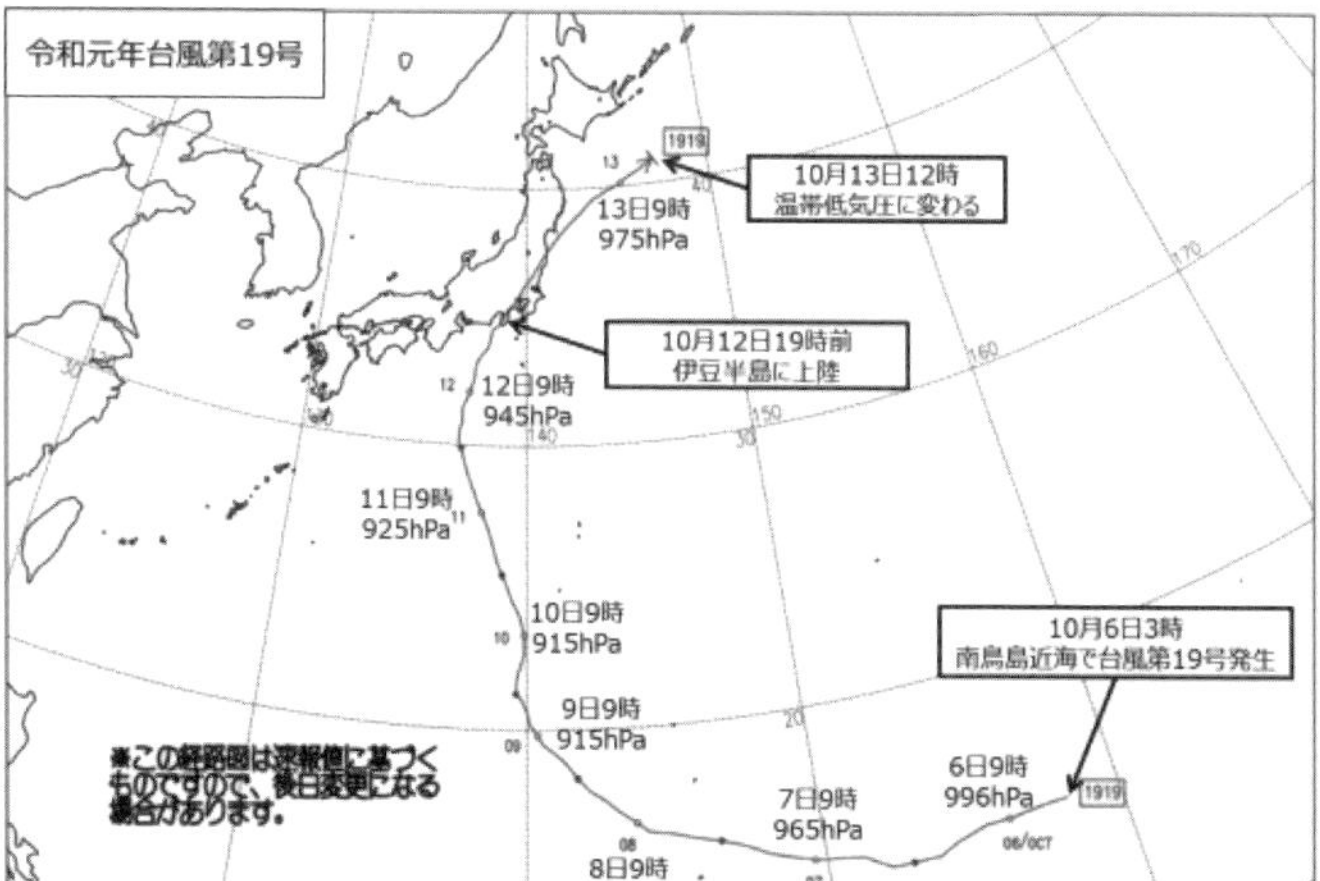

図24　東日本台風（令和元年台風第19号）の経路図（気象庁）

加の寄与もあったと考えられます」と指摘している。これまで気象庁は温暖化の影響について、大雨が増加したり、台風が強大化する傾向については指摘してきたが、個別の豪雨災害の要因として指摘したことはなかった。気温が1度上がるごとに、大気が保持できる水蒸気の量は7％増加するといわれる。温暖化は確実に進んでいると考えなくてはならない。つまりこうした豪雨はこれからも起きると考えなくてはならないということだ。

国土交通省によると、堤防が決壊したのは7つの県の71河川、135か所だった。このうち国が管理する河川では千曲川や阿武隈川など7河川の12か所、県が管理する河川では67河川の123か所となった。さらに100を超える河川で水が堤防を越える越水が発生して住宅地などに流れ込んだ。東京の多摩川からも水が溢れて47階建てのタワーマンションが水に浸かって、地下の配電盤が壊れて多くの部屋で停電や断水が起きた。またJR東日本の北陸新幹線の車両センターが浸水し、止めていた120両もの車両が水に浸かる被害もでた。さらに土砂災害も深刻な被害状況となった。発生件数が952件に達し、一つの台風による土砂災害の発生件数としては1982年（昭和57年）に統計を取り始めて以来最も多くなり、一部の災害は土砂災害警戒区域に指定されていない箇所で発生した。

これだけ多くの河川で決壊や越水が発生し、土砂災害が同時多発したのは、雨の量が多かったからだ。防災科学技術研究所が過去のデータをもとに、東日本台風の雨が確率的に何年に一度みられる大雨かを分析したところ、長野県の千曲川や福島県や宮城県の阿武隈川の流域では、

100年に1度ほどの非常にまれな降水量だった。また阿武隈川は南から北に向かって流れ下る河川で、台風の進路と並行していることから、上流からの水が流れ下るのに加えて、台風本体の雨も加わって急速に水かさがましたものとみられた。

東日本台風災害では広域で激しい雨が降ったことから、かつてみたことがないほど河川があちこちで決壊した。より厳しい基準で国が管理している1級河川の堤防があちこちで決壊するなど被害が深刻化する傾向がはっきりみえた災害だった。かつてと災害のフェーズが変わってきていることを強く印象づけた。

大きな河川は広い流域から水が集まることから、雨が峠を越えたり止んだりしてからも水位があがることがあるが、今回も大雨の特別警報が解除されてから水位が上がったところがあった。福島県の阿武隈川上流では、13日の午前4時に大雨特別警報が解除された後に氾濫が発生し、午前6時30分、午前10時20分、そして特別警報が解除されてから9時間以上経った午後1時20分に氾濫発生情報が発表された。長野県の千曲川も13日午前3時20分に大雨特別警報が解除された5分後の午後3時25分に氾濫発生情報が発表された。特別警報が解除されたことで危険が去ったと思い込んだ住民がいたのではないかと指摘され、情報の出し方とともに解除の仕方にも課題が残された。

東日本台風では多くの自治体に大雨特別警報が発表されたが住民の避難は低調で、東日本を中心に広範囲で同時多発的に甚大な被害が発生した。

この年の5月から防災気象情報の5段階のレベル化が始まったが、警戒レベル4の中に「避難勧告」と「避難指示（緊急）」が位置付けられ、避難情報がわかりにくいという課題が顕在化した。このため災害対策基本法が改正され、２０２１年（令和3年）5月20日から「避難勧告」が廃止され、「避難指示」に一本化された。

《スーパー台風》

東日本台風の大きな被害を受けて、スーパー台風という言葉をしばしば耳にした。気象庁は最大風速が17・2メートル／s（34ノット）以上の熱帯低気圧を台風と定義している。そして最大風速の強さによって「強い」「非常に強い」「猛烈な」と階級をつけているが、スーパー台風という階級はない（**図25**）。

一方、アメリカ軍の台風警報センター（ＪＴＷＣ）では、最大風速が64ノット以上の熱帯低気圧を台風、１３０ノット以上になるとスーパー台風と呼んでいる。ただ日本の平均風速は10分間の平均だがアメリカ軍は1分間で、平均する時間が短い方

強さの階級分け

階級	最大風速
強い	33m/s（64ノット）以上～44m/s（85ノット）未満
非常に強い	44m/s（85ノット）以上～54m/s（105ノット）未満
猛烈な	54m/s（105ノット）以上

図25　台風の強さの階級分け（気象庁）

が平均風速は大きくなるから単純な比較は難しいが、アメリカ軍のスーパー台風は、ほぼ気象庁の「猛烈な台風」に該当している。

では「猛烈な台風」とはどのような台風なのだろうか。おおよその目安として最大瞬間風速は最大風速の1・5倍から2倍くらいになることが多く、日本の観測史上最も強い風が吹いたのは富士山で1966年（昭和41年）9月25日に最大瞬間風速91・0メートルを観測している。次いで沖縄県宮古島で1966年（昭和41年）9月5日に85・3メートル、3番目は高知県室戸岬で1961年（昭和36年）9月16日に84・5メートル、4番目は沖縄県与那国島の2015年（平成27年）9月28日の81・1メートルで80メートルを超える最大瞬間風速の記録は富士山を除くと3回しかない。

風速による被害を考える参考に気象庁の竜巻による被害をみると、このクラスの風が吹くと、木造住宅が変形したり倒壊し、鉄筋コンクリート造りのアパートのベランダ等の手すりが広い範囲で変形し、道路のアスファルトがはがれて飛散するなどとしている。もっと早い段階で自動販売機は倒れ、樹木が倒れたり、乗用車やトラックが横転したりするとされる。実際に、2019年（令和元年）9月に、千葉県で鉄塔が倒れ、広い範囲で停電が続いた台風第15号の最大瞬間風速が57・5メートルだったことを考えると、被害の甚大さを想像することができる。実際には、これに豪雨や高潮の被害も加わることになる。

最近の研究の結果、日本に接近する台風が増え、勢力がより強くなる傾向にあることがわかったと、２０２０年（令和2年）8月25日に気象研究所が発表した。台風の接近というのは日本から３００キロ以内に入った場合をさすが、１９８０年から２０１９年までの40年間のデータを分析したところ、台風は平均で1年間に約26個発生し、そのうち11個が日本に接近していた。前半の20年（１９８０年から１９９９年）と後半の20年（２０００年から２０１９年）を比べると、後半の20年の方が太平洋側に接近する台風が多くなっていて、例えば東京では1・5倍になっていた。しかも中心気圧が９８０ヘクトパスカル以下の強い台風の接近数が増え、東京では2・5倍になっていた。さらに同じ強さの台風の移動速度が遅くなる傾向にあって、暴風雨の影響を長く受けていることもわかった。原因について気象研究所は、台風の北上に大きな影響を与える太平洋高気圧の位置や偏西風の変化、それに海面水温の上昇などをあげているが、そうした変化の大きな背景に温暖化があるとすると、今後も強い台風が多くなることを覚悟しなくてはいけないことになる（**写真12**）。

写真12　阿武隈川周辺の被害（福島県本宮市）

5・ハードとソフトの総合力　熊本豪雨（令和2年7月豪雨）

東日本台風の翌年の2020年（令和2年）7月3日から8日にかけて梅雨前線が九州付近から東日本に停滞し九州を中心に豪雨となった。気象庁は熊本県や鹿児島県など7県に大雨特別警報を発表して最大級の警戒を呼びかけた。熊本県球磨村では7月4日の12時間の降水量が364・5ミリに達し、観測史上1位を記録した。この豪雨で1級河川である球磨川の堤防が約30メートルにわたって決壊し、人吉市の中心市街地など約1、060ヘクタールが浸水し、約7、400戸の家屋が被害を受けた。また球磨村にあった特別養護老人ホームでは、浸水によって14人の高齢者が亡くなった。気象庁は「令和2年7月豪雨」と名前をつけた。熊本県内の死者は65人にのぼり、その大半が球磨川の氾濫によるものだった。

この災害から4か月後の11月19日、熊本県の蒲島郁夫知事は「ダムによらない治水」からの転換を表明し、かつて自身で中止した川辺川ダムの建設を検討する考えを示した（**図26**）。

蒲島知事は県議会で「ダムの効果を過信することはできないが、被害防止の確実性が担保できるダムを選択肢から外すことはできない」と述べ、2009年（平成21年）に旧民主党政権が中止した川辺川ダムの建設を再び進める考えを示した。知事はダムの下の部分に穴を開け、平時は水を貯めずに川の水を流す「流水型ダム」の建設を目指すとした。「流水型ダム」は大雨の時はダム湖に水を貯めて洪水調節の機能を発揮するが、平時は川の機能が残ることから魚類の移動ができるなど環境への負荷が小さいとされる。

川辺川ダム建設の動きは50年以上前の１９６５年（昭和40年）に起きた球磨川の大水害をきっかけに始まった。球磨川最大の支流である川辺川の上流が建設予定地で、１９６７年（昭和42年）に調査が始まり、１９７６年（昭和51年）に基本計画が示された。当初は球磨川の治水と人吉盆地の灌漑、それに水力発電を目的とした多目的ダムだったが、後に目的を治水に絞っている。総貯水量は１億３，３００万立方メートルと九州最大規模で、80年に一度の大水害にも対応できるとされた。村の中心部が水没する熊本県五木村の住民や環境の悪化を訴えた漁業者などが反対運動を続けたが、１９８９年（平成元年）に五木村村議会が計画を承認した。予定地の買収と水没家屋の移転はほぼ終了し、付け替え道路も８割が完成した。しか

図26　川辺川ダムの建設予定地（国土交通省）

し2008年（平成20年）に蒲島知事が計画の白紙撤回を表明し、翌2009年（平成21年）に当時の民主党政権が群馬県の八ッ場ダムとともに計画の中止を表明した。その計画が「令和2年7月豪雨」で再び動き始めたのだ。

群馬県の八ッ場ダムは2011年（平成23年）に建設再開が決まり、2020年（令和2年）から運用している。八ッ場ダムは完成直前の2019年（令和元年）10月の東日本台風でダムに水を受け止め、国土交通省は周辺のダムと合わせた効果で利根川上流の水位を1メートルほど下げる効果があったとしている。国土交通省は災害後に川辺川ダムがあれば人吉周辺の浸水面積を6割減らすことができたほか、浸水の深さが3メートル以上の地区を9割減らすことができたとする試算を発表した。しかし、これはダムがあれば被害をすべて防げるわけではないということでもある（**写真13**）。

そもそも我が国の洪水対策はダムや堤防などの施設を整備するハード対策から始まった。第2次世界大戦後の荒れ果てた国土を、1945年（昭和20

写真13　水没する五木村中心地と高台移転した集落（筆者撮影）

年）9月の枕崎台風（死者・行方不明者3、756人）、1947年（昭和22年）9月のカスリーン台風（死者・行方不明者1、930人）、1954年（昭和29年）の洞爺丸台風（死者・行方不明者1、761人）、1959年（昭和34年）の伊勢湾台風（死者・行方不明者5、098人）など強い勢力の台風が次々に襲って大きな被害がでた。そこで堤防やダムを整備する防災対策が、高度経済成長を背景に急ピッチで進められた。1956年（昭和31年）には戦後の土木技術史の原点と言われる佐久間ダムが天竜川の中流部に建設され、1963年（昭和38年）には、北アルプスの立山連峰と後立山連峰に挟まれた黒部峡谷に黒部ダムが完成した。黒部ダム建設は世紀の難工事と言われ、1968年（昭和43年）には石原裕次郎と三船敏郎という当時の大スター共演の映画が作られて記録的なヒットとなった。各地の河川に堤防やダムが整備されるにつれて風水害の犠牲者は減る傾向をみせ、こうした動きは多くの国民の支持を集めた（図27）。この頃は防災対策はハードが中心で避難などのソフトによる対策は補完的な役割だと考えられていた。

しかしその後大規模な公共工事に絡む汚職事件が起き、環境汚染が表面化した。そして自然や環境に対する関心の高まりを背景に、2001年（平成13年）、当時の長野県の田中康夫知事が「脱ダム宣言」を発表し、「できる限りコンクリートのダムを作るべきではない」と発言した。そして2009年（平成21年）の政権交代後、当時の民主党政権が「コンクリートから人へ」のスローガンを掲げて当時の前原誠司国土交通大臣が八ッ場ダムや川辺川ダムの建設中止を表明した。

さらに２０１１年（平成23年）の東日本大震災の巨大津波で、三陸地方に建設されていた高い堤防がことごとく被害を受け、多くの犠牲者がでたことから、想定外の災害に備えるためには堤防やダムなどのハード対策には限界があり、避難を中心としたソフト対策に重点をうつした「減災」の考え方が主流となった。

しかしその後、ソフト対策がいかに重要でも、それを支えるハード対策が不要なわけではないことを思い知らせる災害が続いた。２０１８年（平成31年）の西日本豪雨や２０１９年（令和元年）東日本台風、そして２０２０年の「令和2年7月豪雨」と毎年、記録的な豪雨に見舞われ、国がより厳しい基準で管理してきた1級河川の決壊が相次ぎ、深刻な土砂災害も発生し、高齢者を中心に多くの被害が出て、改めてハード対策に注目が集まった。

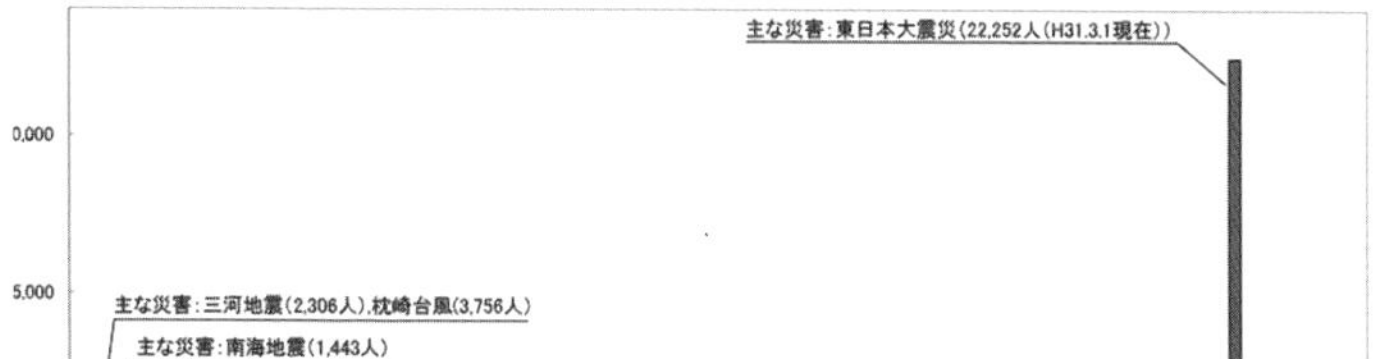

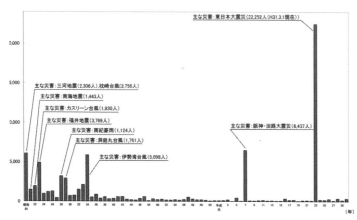

図27　自然災害における死者・行方不明者数（令和元年版　防災白書）

川辺川ダム建設の変遷は、こうした社会の動きに沿って揺れてきたといっていい。このように我が国の防災対策は、ハード対策とソフト対策の間をまるで振り子のように重点を移しながら進められてきたのだ。

【川辺川ダム計画を巡る主な動き】

1963〜1965年	球磨川流域で水害が相次ぐ
1966年7月	旧建設省がダム計画を発表
2008年9月	蒲島郁夫知事が計画の白紙撤回を表明
2009年9月	旧民主党政権が計画中止を表明
2020年7月4日	九州豪雨で球磨川や支流が氾濫
8月26日	知事が「ダムも選択肢の一つ」と発言
10月6日	国が「川辺川ダムがあれば、人吉地区での浸水面積を約6割減らせた」とする推計を公表
19日	知事が県議会でダム建設容認を表明

地球温暖化などの影響で風水害の被害が深刻化する中、国土交通省は2020年（令和2年）7月に、「社会資本整備審議会」の答申を受けて、従来の治水の考え方を転換して「流域治水」を進めていくことを明らかにした。「流域治水」は堤防やダムなどのハード対策によって河川の氾濫を抑え込むのは困難だとして、今後はハードとソフトの様々な対策で被害を少なくしていこうというものだ。ハード対策では堤防の強化や遊水地の整備、それに既存のダムの連携を強めて豪雨に備え、ソフト対策は避難を促すための情報を見直し、地域の避難態勢を整え、危険な場所に住まないようにする町作りを進めることも重要だ。防災対策にとってハードとソフトは車の両輪のようなものだ。どちらかを封印したり、どちらかに重点を置いたりするのではなく、安全な避難のためのソフト対策とそれを支えるハード対策の双方の在り方を考え、その総合力で防災を考える必要があることを令和2年7月豪雨災害が教えた。

また気象庁が熊本豪雨のデータを分析したところ、熊本県の球磨川が氾濫する3時間半ほど前には線状降水帯が発生していたことがわかったとして、気象庁は2021年（令和3年）から「線状降水帯」による大雨が確認された際に「顕著な大雨に関する情報」を発表して自治体や住民に厳重な警戒を呼びかけることにした。

6・危険な盛り土による土砂災害　令和3年7月前線による豪雨

２０２１年（令和３年）７月３日の午前10時30分頃、静岡県熱海市の伊豆山地区で発生した土石流の映像がテレビから飛び込んできた。住宅や木々をなぎ倒しながら猛スピードで斜面を流れ下った土石流は、土石流災害の怖さをまざまざと見せつけた。

この年の７月１日から３日にかけて日本列島に停滞した梅雨前線の影響で、東海地方から関東南部を中心に記録的な大雨となった。数日間にわたって雨が降り続き、静岡県熱海市（網代）では７月３日24時までの72時間雨量は４１１・５ミリに達し、平年の７月１か月間の降水量の１・７倍の記録的な大雨となった。気象庁は７月２日12時30分、熱海市に土砂災害警戒情報を発表した。

熱海市伊豆山地区の逢初川の土石流は７月３日の午前10時30分頃に発生した。土石流は２キロにわたって海まで流れ、１００棟を超える住宅が被害を受け、27人が死亡、２人が行方不明になっている（消防庁第36報）。

土石流は大雨などで山の斜面が崩れ、水と一緒になった土砂や岩石が周囲の斜面を削りながら、時速数十キロものスピードで流れ下る現象だ。公表されていた土砂災害のハザードマップをみると、熱海市の土石流は土石流の危険渓流に重なるように起きた。逢初川の谷筋には土石流を防ぐために高さ10メートル、幅43メートルの砂防えん堤が造られていたが、大量の土石流はえん堤を乗り越えて流れ下った（**写真14**）。

現地で土石流の現場付近にいた人に話を聞くと、土石流が起きる前に「ゴーゴーという不気味な音がした」「道路を泥水が勢いよく流れいった」と異変を感じていた人がいた。またタクシーの運転手が「雨が長く続いていたうえに、土石流が起きる前はひどい降りだった」と話していた。さらに「もし夜に土石流が発生していたら、もっと大きな被害になっていたのではないか」と話す人もいた。

その後の調査などから、この土石流は人災の側面が強くなった。静岡県の調査によると土石流の起点となった場所には盛り土があって、降り続いた雨が盛り土に浸透して崩れたことが原因だとしている。崩れた土砂の総量は5万5000万立方メートルほどで、そのほとんどが盛り土だという。盛り土は2009年（平成21年）から2010年（平成22年）にかけて、神奈川県小田原市の業者が谷を埋めるかたちで造ったもので、届け出を超える面積の森林を伐採したり、搬

写真14　熱海市伊豆山の土石流災害の現場
（筆者撮影）

入した土砂の中に産業廃棄物が混じったりしていたことから、県と市が3回の指導を行い、2回の中止要請をしていた。しかし結果として盛り土は造られ、土砂崩れの防止対策も不十分だったとみられている。

崩れた土砂のほとんどが盛り土だったという事実には暗然とするしかない。盛り土が崩れないように対策されていたなら、これほどの被害にはならなかったと思われるからだ。

そしてこの災害をきっかけに、政府が全国で住宅などに被害が出る恐れがある約3万6,000箇所の盛り土を点検したところ、必要な届け出がされていないものや排水設備など防災上の対策が確認できないものが1,089件もあった。

盛り土は宅地、森林、農地などの用途によって異なる法律や自治体の条例で規制されてきたが、全国一律の規制を求める声が強まり、2022年（令和4年）5月に、崩れた際に被害が出る恐れがある区域を都道府県知事が指定し、そこに盛り土をする場合には「許可」が必要になる「盛り土規制法」が作られた。

【盛り土の主な変遷】（静岡県のまとめから抜粋）

２００６年９月21日　小田原市の業者が土地を取得
２００７年３月９日　業者から熱海市に土の採取計画届出書を提出
　　　　４月27日　静岡県が現地調査で林地開発許可違反と判断
　　　　５月31日　県が業者に土地改変行為の中止、森林復旧を文書指導
２００９年３月19日　業者が土砂の搬入開始
　　　　７月２日　市が業者を防災措置と改変面積の求積で指導
２０１０年８月　造成工事が概ね完了
　　　　８月25日　盛り土の中に産業廃棄物が混じっていることが発覚、市と県が撤去を指導
　　　　８月31日　県が土砂の中に木くずの混入を確認
　　　　９月17日　市が業者に工事中止と完了届の提出を要請
　　　　10月８日　市が業者に土砂搬入の中止を要請
２０１１年２月　土地の所有が現在の所有者に変更

この災害で熱海市は住民に避難指示を発表しなかった。情報の流れを振り返ると、気象台が大雨警報を出したのは7月2日の午前6時半のことだった。熱海市は午前10時に警戒レベル3

にあたる「高齢者等避難」を発表した。その後の12時30分、気象台と静岡県が警戒レベル4に相当する土砂災害警戒情報を発表した。しかし熱海市の呼びかけは「高齢者等避難」のままだった。そして翌3日の土石流が発生した後の午前11時5分に避難指示を飛ばして、警戒レベル5の「緊急安全確保」を市内全域に発表した。

【熱海市の土石流災害の時の情報の流れ】

7月2日午前6時半　気象台「大雨警報」発表
　午前10時　熱海市「高齢者等避難」発表
　午後12時半　気象台と静岡県「土砂災害警戒情報」発表
7月3日午前10時半頃　土石流発生
　午前11時5分　熱海市「避難指示」発表

確かに雨は避難指示を出すかどうかの判断が難しい降り方をした。気象庁の熱海市（網代）の雨量の記録をみると、6月30日の夜から雨が降り始め、やや強くなったり、弱まったりしながら降り続いているが、最も強い時でも1時間27ミリだった。過去の多くの土砂災害は雨が降り続いた後に、土砂の背中を押すような1時間に50ミリを上回る非常に激しい雨が降って起きることが多かった。

また土砂災害警戒情報は決して精度の高い情報ではないことも、熱海市の判断を難しくした。気象庁と国土交通省が2011年（平成23年）までの4年間に発表した土砂災害警戒情報と実際の土砂災害との関係を調べたところ、4年間の平均で、土砂災害が発生したところに土砂災害警戒情報が発表されていた割合は75・1％にのぼったが、土砂災害警戒情報が発表されたところで土砂災害が発生した割合は3・5％だった。

しかし熱海市では土石流発生までの総雨量は7月1か月の1・5倍を超えていたし、国はガイドラインの中で土砂災害警戒情報が出たら避難指示を出すことを求めている。また土砂災害警戒情報が一つの市町村に出る回数は、多くても年に数回で、ほとんどの場合年に1回か2回だ。

かつて自治体のトップから避難の情報を出しても災害が起きなかった時には住民から反発の声を聞くことがあって、ぎりぎりまで待ってしまうという話を聞いたことがあったが、自治体と住民はある程度の空振りを認めあって避難情報を活用して避難を進めることが重要だ。過去の土砂災害でも自治体からの避難情報が間に合わないことがあった。土砂災害は専門家でも発生の予測が難しい災害だけに、住民が普段と違った異変を感じたりしたら、それを避難に結びつける地域の仕組み作りも必要だ。

土砂災害はひとたび巻き込まれると助かることが難しい災害だ。災害直後に土砂災害を目の当たりにした人から話を聞いたら声が震えていたことがあった。それほど恐ろしい体験だったのだと感じた。土砂災害警戒区域は全国で67万か所以上指定されていて決して他人事ではない。土砂災害から身を守るための早めの避難をどう進めたらいいかを改めて考えさせる災害となった。

こうして最近の豪雨による災害を振り返ると、毎年のように過去の記録を塗り替えるような豪雨が降り、深刻な被害が発生している。そしてそのたびに新しい情報が出されるようになったり、対策の見直しが行われたりしてきた。

自然の力は人間の想像を超え、対策の想定を上回ることが繰り返されている。相手が自然である以上、いつまでたっても人間が自然を完全に理解し、対策を万全なものにすることはできないだろう。大切なことは自然に対して謙虚になって、これまで起こったことがない豪雨が降ったり、かつてなかった強さの台風が襲ってきたりする可能性があることを認識し、危険が迫ったら避難し、危険が去ったら戻ることを当たり前の防災行動にする社会を作ることだ。地球温暖化の影響で気象現象が激しさを増し、災害が広域化、深刻化する傾向がはっきりしてきた。次に変わるべきは私たちの防災意識と社会の防災対策だ。そうでないと被害は拡大する一方になってしまう。

【参　考】

△「NHKスペシャル深層崩壊が日本を襲う」（2010年6月27日放送）
△「平成30年7月豪雨による水害・土砂災害からの避難に関するワーキンググループ」資料（内閣府）
△「平成27年9月関東・東北豪雨の調査概要」（中央大学理工学部）
△「川辺川ダムと五木村～苦難の半世紀を振り返る～」（五木村）

第４章　情報を生かすために

第4章　情報を生かすために

第3章では最近の主な豪雨災害の特徴に触れながら、近年雨の降り方が激しさを増し、被害が深刻化していることをみてきた。気象現象によるハザードが変わりつつあるということは、それに合わせて対策も変わらなければいけないことを意味している。この章では第1章から第3章までを踏まえて、最近になって変わり始めた豪雨の対策を整理し、今後ますます気象災害の深刻化が心配される温暖化の現状をみながら、被害を減らすために情報をどのように防災に生かしていけばいいか、また災害に強い社会を作るにはどうしたらいいかを考える手掛かりにしたい。

1・流域全体で対策を進める　流域治水

2020年（令和2年）7月9日、国のインフラ整備の在り方を検討する国土交通省の社会資本整備審議会は、今後の洪水対策について「流域治水」への転換を答申した。国土交通省は治水思想の大きなパラダイムシフトだと説明した。

流域治水の考え方を説明をする前に、改めて従来の治水の考え方を整理しておきたい。我が国の洪水対策は高度経済成長の時期を中心にダムや堤防を造り、下水道を整備して、降った雨をなるべく早く河川に集めて、河川の中から出さないようにして海に流してしまうことを目指してきた。それは「河道内制御」と呼ばれる手法で、施設整備を中心とした工学的アプローチによる対策といっていい。しかし最近の雨はそうした対策の想定を上回るようになり、従来の対策だけでは被害を抑えきれなくなってきた。そこで考えられたのが流域治水で、ダムや堤防などで河川の中の水を制御して洪水を防ぐだけでなく、河川の外側に遊水地を整備したり住まいの在り方を見直したりして、時には河川からあえて水を溢れさせて下流の氾濫を防ぐなど様々な対策を組み合わせて河川の流域全体で水を受け止めて被害を減らすことを目指すものだ。雨の降り方が変わり、これまでのように河川の外側のすべての地域を守ることが困難になったことから、「守る地域」と「場合によっては浸水しても仕方ない地域」をあらかじめ決めておこうという考え方ということになる。また危険な場所に住んでいる人に安全な場所に移ってもらったり、洪水の危険が迫った地域の人に素早く避難してもらうことも流域治水の重要な取り組みだ（図28）。

そうした流域治水の考え方による対策を全国に先駆けて進めてきた河川と地域がある。それは東京、川崎、横浜という大都市圏を流れる鶴見川周辺だ。鶴見川は源流が東京のベッドタウンである町田市で、横浜市や川崎市の住宅地や工業地帯を通って東京湾にそそいでいる全長42・5キロの一級河川だ。

鶴見川流域の開発が急速に進み始めたのは高度経済成長の時代からで、昭

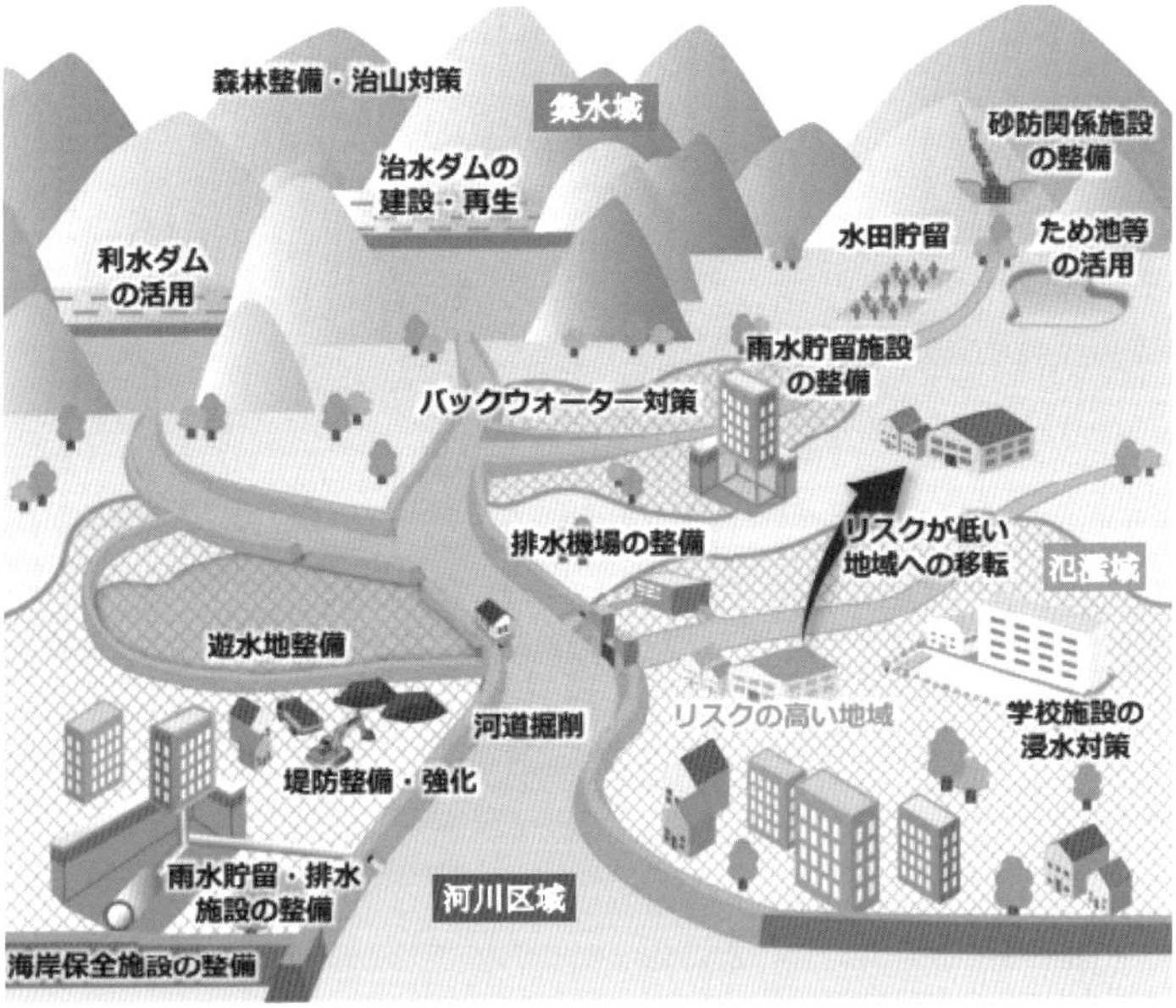

図28　流域治水のイメージ（国土交通省）

和33年頃には鶴見川周辺はまだ原っぱや山林などまとまった自然地が多く、流域の住宅や商店街、それに小さな都市公園などの市街地率は全体の10%ほどだった。ところが私鉄や国道の沿線が次々に開発され、昭和50年頃には市街地率が60%に、そして平成16年には85%に達した。

こうした開発の進展とともに洪水被害が目立つようになった。昭和40年代には流域の平均雨量が2日間で100ミリほどでも浸水被害がでるようになり、昭和51年9月の台風第17号では、流域の2日間の雨量が160ミリで、床上と床下の浸水家屋は約3,900戸にのぼった。それこそちょっと強い夕立でも被害がでかねない状況だった(**図29**)。

こうした状況を受けて、昭和54年頃から始まったのが総合的な治水対策だった。総合的な治水対策は、従来は別々に対策を進めてきた河川と下水道、それに都市の部局が密接に連携しながら流域全体を見据えて対策を行おうというものだ。たとえば田んぼや畑などは降った雨の30%から40%が浸み込むが、地表がアスファルトやコンクリートで覆われた密集市街地になると雨は10%ほどしか浸み込まなくなる。

そこで鶴見川流域で自然地を一定規模以上開発する場合には、自然地が浸み込ませていた雨の量を貯める施設を作ることが条例などで求められることとなった。

私鉄の車両基地の建物の下に雨を貯める施設を作ったり、普段は運動場やテニスコートとして利用されている場所に、雨が多く降った場合は雨水を貯めたりするかたちで、住宅地の中に雨の貯留施設が次々に作られた。そうした施設は平成15年までに約3、300基整備され、合わせて約270万トンの雨水を貯めることができるようになった。このほかにも遊水地を作ったり、下水道の容量を大きくしたりといった様々な取り組みが進められたことで、鶴見川周辺で大規模な浸水被害は起きなくなった。

鶴見川の総合的な治水対策を振り返ると、近代の洪水対策の降った雨をなるべく早く川に集めて海に流すという、いわば力で洪水を抑え込むという考え方とは全く違っていることに気がつく。それは降った雨をそれぞれの地域で浸み込ませたり、貯めたりして分散させ、雨が止んだら時間をかけて下流に流していこうという考え方だからだ。

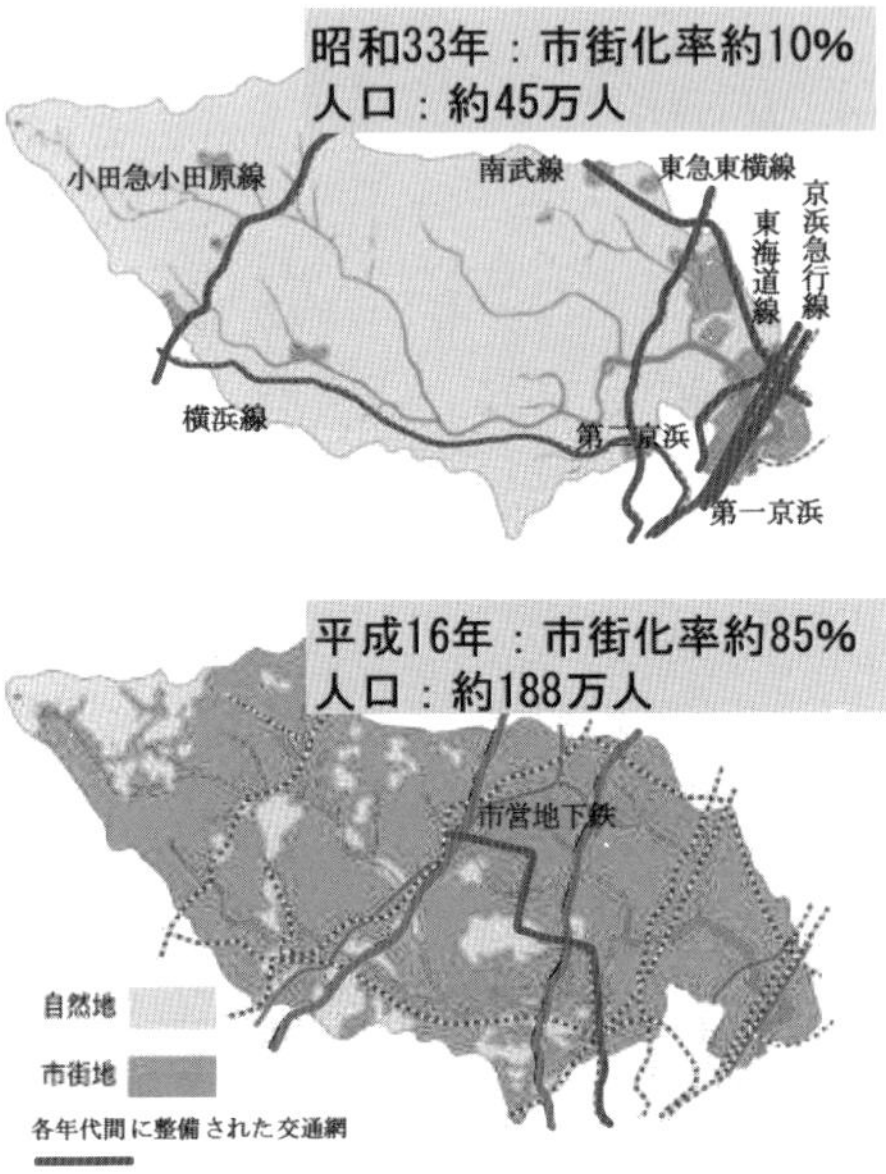

図29　鶴見川流域の市街化の進展
（「鶴見川流域水害対策計画」より）

市街化が進むと降った雨は土の中に浸み込みにくくなる上に低い場所に一気に集まる。そのため都市河川の水位の上昇は驚くばかりで、平成22年7月5日の夜、東京板橋区では1時間に107ミリの猛烈な雨が降った際、板橋区防災課が公開している石神井川の映像によると、午後7時20分の水位は70センチだったが、30分後の7時50分には1メートル96センチに、その10分後には5メートル41センチに上昇した。わずか10分間に4メートル近く水位が上がった。この時、板橋区の防災担当者は「こうした極端な豪雨による被害を想定していなかった」と話した。

東京も含めて、関東地方から西日本のほとんどの市街地は1時間に50ミリほどの雨を想定して下水道や中小河川の整備を進めてきた。近代都市の整備が本格的に進められた高度経済成長の時代には、1時間に100ミリを超えるような雨が降ることはまれだったからだ。ところが地球温暖化やヒートアイランド現象などの影響で、最近は各地で1時間に100ミリ前後の雨が頻繁に降って、町が水浸しになるような被害が出るようになった。つまり最近の豪雨を前に、高度経済成長以来推し進めてきた洪水対策は前提から破綻をきたしはじめているといっていい。

流域治水という新しい言葉を聞くと、いかにも新しい治水の手法のように思えるが、実はこうした考え方は日本に古くからあった。話は戦国時代に遡るが、現在の甲府盆地の治水に取り組んだ戦国時代の武将・武田信玄は霞堤と呼ばれる不連続な堤防を造った。霞堤は現在の堤防のように連続した長い堤防ではなく、ところどころに間が開いている堤防で、洪水の際にはそこから水をあえて溢れさせて周辺の林などを浸からせ、河川の流れの勢いを和らげるとともに市街地の浸水被害を防いでいた。

霞堤はかつて全国各地にあって、たとえば東京の台東区に地名だけが残る日本堤も霞堤の一部で、下流の浅草などを守っていた。こうした取り組みの背景にあるのは、河川は時々は溢れるものだということを前提にして雨を地域全体で受け止めようという考え方だった。こうした考え方の治水に取り組んだのは武田信玄だけではなく、木曽三川と戦った豊臣秀吉や熊本の加藤清正などがいる（**写真15**）。

都市部での洪水被害が目立ち始めた平成12年の河川審議会は、そうした伝統的な治水の考え方に学ぶべきだと提言したが、総合的な治水対策に取り組んだのは鶴見川のほかに大阪府の寝屋川や名古屋市の新川など大都市圏の一部の河川にとどまっていた。しかし最近になって毎年のように各地で豪雨の被害が出るようになり、治水の考え方を大きく変えて全国の河川で流域での洪水対策に取り組む必要に迫られるようになったのだ。

写真 15　今も甲府市街地を守る信玄堤
（甲府市、筆者撮影）

《流域治水の課題》

従来の堤防を整備したり、ダムを造ったりといったハード中心の対策は時間がかかるし、費用もかさむ。それに比べると流域治水は様々な対策を駆使することで効果を上げることが期待できるように思われる。しかし課題も多い。

1つめの課題は、河川の流域全体の住民が流域治水という考え方を理解し、リスクの分散に立ち向かうことができるかどうかということだ。下流の被害を防ぐために上流など危険の少ないところにあえて水を浸かせる対策について、双方の住民が共同体意識を持って合意形成を進めていけるかどうかは難しい課題だ。

2つめは、縦割りの枠を超えて行政が密接な連携をとって対策を進めることができるかどうかだ。これまで洪水対策は主に河川の部局が中心になって進めてきたが、流域全体で問題解決を図るためには、都市の町づくりや建築物を担当する部局や農地を担当する部局なども知恵を出し合う必要があるからだ。

3つめは、私たち自身も意識や住まい方を考え直す必要があることだ。令和2年8月28日から宅地建物取引業法の施行規則の一部が改正され、アパートを借りたり、土地を買ったりする不動産取引の際に、不動産業者は水害のハザードマップの説明をすることが義務付けられた。これまでも土砂災害や津波のリスクは説明が義務付けられていたが、近年大雨による被害が深刻化していることから水害のリスクについても説明しなければいけないことになった。制度を変えたことで住民の土地の安全性への関心が高まることが期待できる。こうした様々な制度や税金、補助金などの手法を駆使して住民の防災意識を高め、浸水の危険がある場所に住まないようにすることも流域治水の大事な取り組みだ。福祉施設や病院、役所などを建てないように土地利用の在り方を考え、長期的に安全な町づくりを進めることは行政の仕事だ。

地球温暖化の影響で豪雨が増え、洪水や土砂災害の被害が深刻化している状況を踏まえると、全国の河川で流域治水の取り組みを進めて被害を減らしていく対策を急がなくてはいけない。

2・事前の対策に力を入れる　注目されるタイムライン防災

これまでみてきた流域治水は考え方や暮らし方を変えて、水害に強い地域作りや生き方を目指していこうというものだった。しかし実際に水害が迫ってきたときにはどうしたらいいだろうか。最近になって水害の危険が迫ってきたときの対策でも新しい手法が動き始めている。それはタイムラインという考え方だ。

災害にはそれぞれ特徴があって、その特徴を踏まえた対策を進めることが重要だ。国土交通省などが呼びかけて全国の市町村や地域で取り組みが進んでいるタイムライン防災は、大雨の災害が段階を踏んで危険性が高まっていくことに着目した対策で、「事前の防災行動計画」と呼ばれている。

タイムラインは災害が起きると予測される時刻に向かって、「いつ」「誰が」「何をする」かを事前に決めておく防災計画で、事態の進展に合わせてあらかじめ決めておいたことを実行に移していくというものだ。したがってタイムラインは、台風のように一定の準備期間がある災害により効果を発揮する。

タイムライン防災のイメージを記しておく。たとえば台風の予報で、5日後に自分の町に台風が上陸すると予想される場合、5日前に自治体は態勢をとり始め、4日前には台風の情報を住民に周知する。3日前には水門などの防災施設を点検し、2日前に大雨警報が出たら住民に避難の準備を呼びかけるとともに避難所を開設する。そして当日になって「土砂災害警戒情報」が発表されたり、いつ川が氾濫してもおかしくない「氾濫危険情報」が発表されたりしたら住民に避難指示を発表し、台風の上陸時刻には公共の交通機関も停止させ、消防団や警察官にも安全を確保するために待機を求めるというように対策を実施する時期と担当者をあらかじめ決めておくものだ。市町村の防災対策に時間軸という考え方を初めて導入した防災計画ということができる（図30）。

タイムラインの考え方は2012年（平成24年）10月にアメリカを大型のハリケーン「サンディ」が襲った際、ニュージャージー州があらかじめ作っていた「タイムライン」に沿って迅速に対応できたことから注目されるようになった。ハリケーン「サンディ」では9つの州で100人以上が亡くなったが、ニュージャージー州では全半壊世帯が4、000世帯にのぼったものの、人的な被害はなかった（図31）。

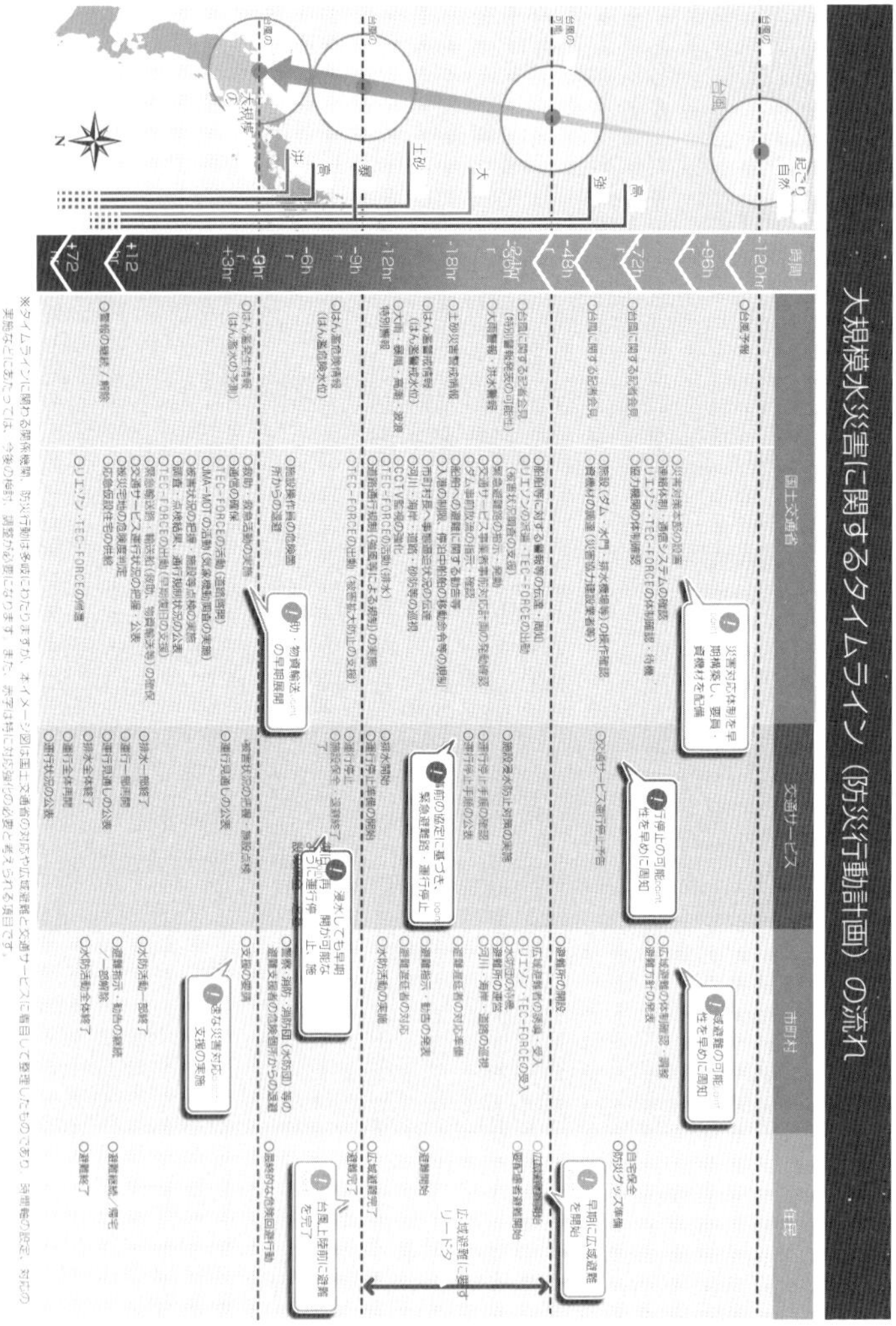

図 30　大規模水災害に関するタイムライン（防災行動計画）の流れ
（国土交通省）

タイムライン防災に期待が集まるのは、日本ではこれまで災害時に市町村の対応が遅れたり、避難の情報が出せなかったりして大きな被害がでたことがあったからだ。災害対策の基本的な事柄を定めている『災害対策基本法』は、「市町村は、住民の生命、身体、及び財産を災害から保護する責務がある」と定めている。つまり災害対策は地理的環境や地形、それに住民の年齢構成や住まいのあり方などの実情を踏まえて進めるために「自治体防災」という考え方が基本になっている。

ところが２０１５年（平成27年）９月に茨城県常総市の鬼怒川が決壊し、多くの住宅が流された際には災害が起きた地区に避難勧告が発表されなかった（当時は避難勧告と避難指示の２種類の情報があった）。また２０１４年（平成26年）8月に74人が亡くなった広島市の土砂災害では、避難勧告の発表は災害の発生に間に合わなかった。

ニュージャージ州タイムライン

タイムライン	防災行動
上陸120時間前	防災行動レベルを格上げ
96時間前	住民避難の計画と準備
72時間前	州知事による緊急事態宣言
48時間前	郡と州の避難所準備
36時前	州知事　避難勧告　発表
36時間前	郡と州の避難所開設
24時間前	公共輸送機関の停止
12時間前	緊急退避
0　hour	警察・消防団は、活動停止、避難

図31　ニュージャージ州　タイムライン
（国土交通省）

行政の不手際、行政の怠慢と非難するのはたやすいが、こうした背景には市町村が防災に取り組む体制の脆弱さがあることも知っておいた方がいい。静岡大学防災総合センターの牛山素行教授が２０１４年（平成26年）９月に全国の９００近い市町村で、防災担当部署の専任の職員数を調べたところ、３人以上が44・７％、２人が10・５％、１人が14・７％で、中には専任職員がおらず、他の業務と兼任しているところが30・１％もあった。しかも規模の小さな町や村ほど専任職員が少ない傾向にあった。災害は毎年全国のどこかの市町村で起きているが、大きな災害は場所を変えて起きることが多い。したがってほとんどの市町村が大きな災害を何年間も経験したことがないことが多く、市町村の業務の中で防災の優先順位は決して高くないのが実情だ。

そんな防災に不慣れな市町村でも、「タイムライン」は時系列に沿って対策を進めることで効果が期待できる。様子を見ていたら避難情報を出すタイミングを逃してしまったとか、防災の部局が住民からの多くの問い合わせに対応していて福祉施設や学校に連絡できなかったなどといった対策の遅れや漏れを防ぐ狙いがある。

全国で最も早く町のタイムラインを策定した三重県紀宝町では、２０１４年（平成26年）の台風第８号が接近した時にタイムラインに沿って対策を進め、台風接近の３日前にはポンプなどの施設や自家発電設備を担当者が点検し、最接近した日の朝には「避難を決定したときには、すみやかな避難をお願いします」と防災行政無線を通じて住民に呼びかけた。このとき台風第８号の直撃はなかったが、役場の防災担当者は「早い段階から役場や防災機関と情報の共有が図れ、それぞれの役割を確認できた」と手応えを感じていた。また住民からも早めの呼びかけで避難の心構えができたという反応があった（写真16）。

その後タイムラインを作る市町村は増え、２０１７年（平成29年）６月までに、国が管理している河川の沿線の７３０市町村でタイムラインの策定が完了した。

市町村がタイムラインを策定する際には、多くの場合、市町村の各部局のほかに気象台や河川の管理者、ライフラインなどの関係者が集まったワークショップなどの検討の場で課題を整理しながら議論を進めていくが、この検討の場と時間が関係者同士を顔の見える関係にしていく効果がある。緊急時にはパソコンや電話などで連絡を取り合うことになるが、その向こうに一緒に議論を重ねた顔のわかる人がいることが重要なのだ。

写真16　タイムライン策定のワークショップ
（三重県紀宝町、2014年８月・筆者撮影）

２０１７年（平成29年）７月の豪雨で、秋田県を流れる雄物川流域の大仙市や秋田市などでは浸水面積が32平方キロメートル、浸水家屋が1、028戸にのぼる被害がでた。この際、タイムライン作りで培っていた顔の見える関係が生かされた。河川事務所の所長から危機が迫る市町村のトップへ、ホットラインというかたちで危機感が直接伝えられた。湯沢河川国道事務所の所長は大仙市の市長に21回連絡をとり、河川の水位が上昇していて氾濫危険水位を超える見込みであることや氾濫の可能性あることなどの状況を詳しく伝えた。これを受けて大仙市では早いタイミングで避難指示を出したり、住民への避難の呼びかけができた。また秋田地方気象台の台長も、事前に県内の25市町村長と携帯電話の番号を交換していて、「強い雨雲がある。間もなく土砂災害警戒情報を発表する」などと伝え、市町村が早めに職員を集めたり、避難所を開設したりするのに役立った。同じようなホットラインは2017年（平成29年）7月の九州北部豪雨でも実施された。

このようにタイムラインの普及が進んでいることから、気象庁は2017年（平成29年）の出水期から大雨などの警報の発表を早い段階から予告する取り組みを始めた。大雨が予想されるときに、早いときには5日後に警報級の大雨が降る恐れがあると発表するものだ。さらに近づいてきたら3時間ごとの時系列の表にして発表し、たとえば夕方の時点で「日付が変わって明日の午前3時頃から大雨になって警報が出る恐れがある」と警報が予想される時間帯を示すことにした。情報を使って大雨の数日前に警戒態勢を立ち上げたり、避難所の開設を始めたり、避難情報へ発表を検討したりしてもらおうというものだ。

こうした取り組みで市町村の避難情報は災害の発生前に発表できるようになる傾向にある。国土交通省が２０１７年（平成29年）に氾濫危険水位を超えた河川があるのべ４５１市町村に聞き取り調査をしたところ、氾濫危険水位到達前後に避難勧告または避難指示を発表できたところは、タイムラインを策定していない市町村では45％にとどまったものの、策定していた市町村では74％あった。タイムラインの効果を数字から読み取ることができる（図32）。

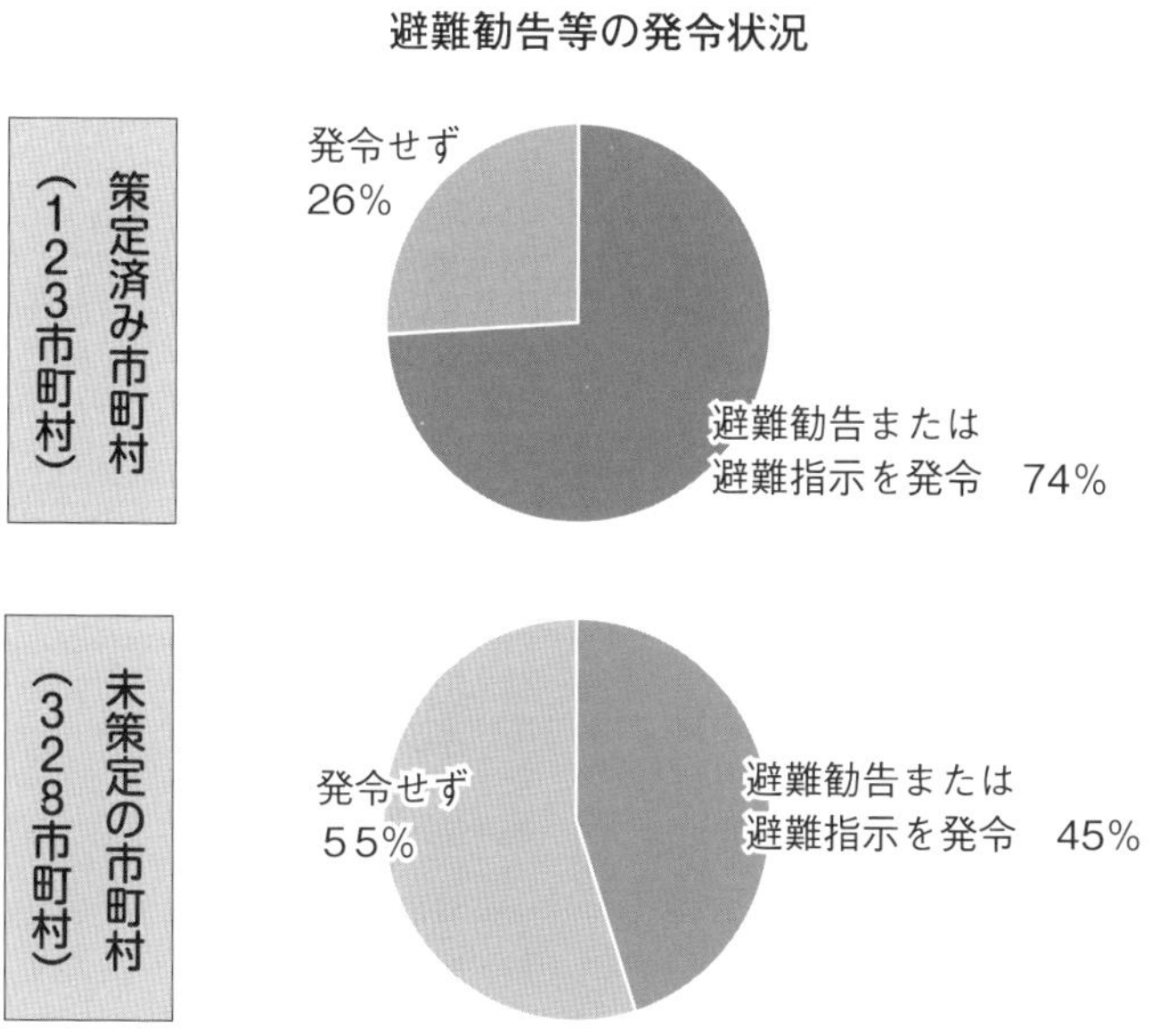

図32　水害対応タイムライン策定効果の検証
（国土交通省のデータから作図）

《地域のタイムライン、マイ・タイムライン》

こうしてタイムライン防災は自治体の取り組みとして広がっているが、最近になって住民が独自に策定しようという動きがでてきた。

その一つが東京都足立区を流れる一級河川、中川の周辺の14の自治会の集まりだ。中川は荒川と江戸川に挟まれた標高の低いところを流れる川で、周辺地域は1947年（昭和22年）9月のカスリーン台風の大雨で、利根川や江戸川が決壊して2メートルも浸水するなど大きな被害を出した。2015年（平成27年）の関東・東北豪雨で中川が氾濫危険水位に達したのを契機に、カスリーン台風の被害を覚えていた年配の住民や自治会長から対策を進めておく必要があるという意見がだされ、防災の勉強会が始まった。その勉強会の中でタイムラインのことを知り、地域ならではの避難に特化したタイムライン作りに乗り出した。

たとえば台風上陸の3日前には住民は自宅の周りの点検をし、風で飛びそうな植木鉢を片付けたり、避難する際に持って行く最低限の食料や水、薬などを確認する。2日前になったら避難に時間のかかる高齢者や身体の不自由な人を避難させ、当日は足立区から避難勧告が発表されたら住民がすみやかに避難するといった計画を作るというものだ。

2017年（平成29年）6月の勉強会には50人ほどが集まり、7人から8人のグループにわかれて問題点や課題が話し合われていた。あるグループでは「高齢者を避難させるといっても、誰が介助するのか」という疑問が出され、「民生委員に頼もう」という人がいた。ところが「民生委員も70歳を越えているが大丈夫だろうか？」といった感想がでていた。また別のグループでは「避難所まで遠い人は近くのマンションに避難させてもらったらどうか」という意見がだされたが、「マンションは自治会に入っていない人が多く付き合いも薄い」といった声が上がっていた。

こうした一つ一つの問題を地域で話し合い、解決策を探ったり訓練を実施したりしておくことは災害時に役立つ。２０１７年（平成29年）の九州北部豪雨の被災地では、住民同士が声をかけ合って自主的に避難を進めた例があった。福岡県朝倉市では行政と住民が協力して地区ごとの避難場所や避難路などを書き込んだ「自主防災マップ」を作成し、２０１４（平成26）年度までに全世帯に配布していた。マップは自治会の役員などが参加したワークショップで作られ、地区によっては高台にある民家を地元の自主的な避難所に決めたところもある。また東峰村では毎年6月に避難訓練を行っているが、２０１７年（平成29年）の訓練には約2、２００人の村民の半数にあたる約1、０５０人が参加した。また各地区で避難の際に支援が必要な人をサポートする人をあらかじめ決めた「避難行動要支援者支援計画」を作っていた。こうした日ごろの行政と地域の取り組みが生き、避難勧告が発表される前に多くの住民の避難を終えていた地区もあった。

タイムラインは行政の取り組みのように思われがちだが、防災は住民が避難行動することで初めて効果を生む。しかし一口に避難といっても、住んでいる所によって浸水の深さが違う。

住宅が平屋か2階建てか、マンションの上の階なのかによっても避難の場所や方法が異なる。全ての住民が市町村が準備した避難所に行く必要があるわけでもない。大事なことは、それぞれの住民が自分の置かれている状況に応じて安全を確保することだ。そうした考え方から、世帯ごとにタイムラインを作ろうという「マイ・タイムライン」の動きも出てきた。

２０１９年（平成31年）の年明け早々の1月19日、茨城県常総市でマイ・タイムラインのリーダーを養成するための初めての講座が開催された。講座を開いたのは、２０１５年（平成27年）9月の関東・東北豪雨で大きな被害を出した鬼怒川流域の常総市や宇都宮市など24市町と茨城県と栃木県、それに国土交通省、気象台などの国の機関で組織する「鬼怒川・小貝川上下流域大規模氾濫に関する減災対策協議会」で、会場には防災士の資格を持っている住民など40人が集まっていた（**写真17**）。

講座ではマイ・タイムラインの取り組みが始まった背景が紹介されるとともに、作り方が具体的に説明された。

写真17　マイ・タイムラインリーダー認定講座
（茨城県常総市、筆者撮影）

それによると、マイ・タイムライン作りはまず国土交通省の洪水浸水想定区域図や市町村が作っているハザードマップを見て、洪水が起きた場合に「自分の家がどのくらいの深さの水に浸かるのか」や「浸水が何時間くらい続くのか」を知ることから始まる。また台風が接近したりした際に、気象庁が出す大雨警報などの気象情報や河川事務所が発表する河川の水位情報、さらには市町村が出す避難の情報などの種類と危機感を学ぶ。その後に自分の家族に避難に時間のかかる高齢者や身体の不自由な人がいるかや避難場所をどこにするかなどを考えて、いつ持ち物を準備し、どんな状況になったら服を着替え、どのような情報が出たら避難行動を始めるかを具体的に整理していく。参加者の中には逃げる前に「携帯電話の充電」や「ペットの避難の準備」、「親戚に連絡」するなどと、自分にとって欠かせない準備を書き込んでいる人がいた。こうしてそれぞれが自分に合った、世帯ごとの避難を考えていくのがマイ・タイムラインだ。

マイ・タイムラインは、いわば住民一人ひとりの避難計画で、大きな狙いは災害時の逃げ遅れを防ぐことだ。関東・東北豪雨の際、茨城県常総市では避難の遅れなどによって住民の孤立が相次ぎ、約4、300人が消防や自衛隊のヘリコプターなどで救助された。

その教訓を生かそうと始まったのがマイ・タイムラインで、災害の翌年の2016年（平成28年）には常総市の若宮戸と根新田の2つのモデル地区で取り組みが始まり、2017年（平成29年）には小中学校の児童生徒が作成し、それを使って避難訓練が行われた。そして2018年度中（平成30年度）には、約1万人がマイ・タイムラインを作成するところまで広がってきた。そして２０１９年（平成31年）のマイ・タイムラインリーダー認定講座につながったということだ。

２０１８年（平成30年）７月の西日本豪雨は広い範囲で記録的な豪雨となり、死者・行方不明者は２４５人（消防庁、第59報）にのぼり、平成以降最大の豪雨災害となった。この災害で、気象庁は２日前の段階から強く警戒を呼びかけたほか、様々な情報も発表されたが、住民の避難には結びつかなかった。総務省消防庁によると、豪雨がピークとなった７月７日には九州、四国、中国、近畿、東海、北陸の２１府県の１０９市町村が避難指示を、20府県の１７８市町村が避難勧告を発表し、避難指示と避難勧告を合わせた対象者は約８６３万人にのぼったが、市町村が指定する避難所に来た人は約４万2、２００人で、全体の０・５％しかいなかった。こうして災害時の避難をどう進めるかは大きな課題となった。

この災害を受けて、今後の避難のあり方を検討した中央防災会議の作業部会は、災害情報や防災教育、さらには地域の防災力などについての提言を盛り込んだ報告書を２０１８年（平成30年）の12月にまとめた。その中でこれまでにない住民への呼びかけをしている。『国民のみなさんへ　～大事な命が失われる前に～』と題された文章の中で、『行政は万能ではありません』『行政が一人ひとりを助けに行くことはできません』『皆さんの命を行政に委ねないでください』『地域の皆さんで助け合いましょう』『行政も全力で、皆さんや地域をサポートします』などと書かれている。多くの住民が防災意識を低下させているのではないかという強い危機感が滲んでいた。

この文章の背景には行政自らが力の限界を認識した苦い思いと、一方で雨が激しさを増し災害が深刻化していることへの強い危機感がある。そして国として住民自らが自分の命は自分で守るという意識を強く持って、自助努力を進めて欲しいと要請せざるを得ないところまできていると理解することができる。こうして最近になって東京都など各地にマイ・タイムラインの取り組みが広がり始めているのだ。

《タイムラインは万能の対策ではない》

タイムラインにも大きな課題がある。多くの市町村や住民からタイムラインは豪雨対策の切り札のようにみられているが、どんな対策にも万全ということはない。

国土交通省はタイムラインを策定していて、２０１７年（平成29年）に氾濫危険水位を超えた河川がある市町村に市町村の体制の構築状況について聞く調査をした。それによると「順調に対応できた」は52％、「概ね順調に対応」が35％で、合わせると87％が良好な対応ができたと答えたが、「対応が後手に回るなど課題が多い状況だった」が11％もあった。タイムラインを作っても使わなかったところや作ったばかりで全体に浸透していなかったところなどがあるとみられる（**図33**）。

市町村の組織は平常時に住民サービスなどの仕事を公平に、また確実に実施するために作られているから非常時に迅速な対応をするのは不得意だ。タイムラインはそうした組織を時系列に沿って動かすことで、組織のありようを平常時から非常時に自動的に切り替えることも期待されている。しかしタイムラインは作りさえすればそれでいいという魔法の杖ではない。タイムラインにはそれが健全に機能するための条件がある。それはタイムラインの習熟と改善が不可欠だということだ。せっかく作ったタイムラインも従来の計画やマニュアルのように棚に並べておくだけでは、いざというときに役立てることができない。様々な業務を改善するためには「ＰＤＣＡ」が大切だと言われる。ＰはＰｌａｎ（計画）、ＤはＤｏ（実行）、ＣはＣｈｅｃｋ（点検）、ＡはＡｃｔ（改善）で、台風や大雨の危険があるときに、実際にタイムラインに沿って職員や防災機関や住民が動いてみて、誰からの指示がなくても対策が進められるように習熟し、できたこととできなかったことを整理し、常に改善を繰り返しておくことが重要なのだ。

　従来の防災対策は被害が出た後の対応に重点がおかれてきたが、「タイムライン」は災害が起きる前に注

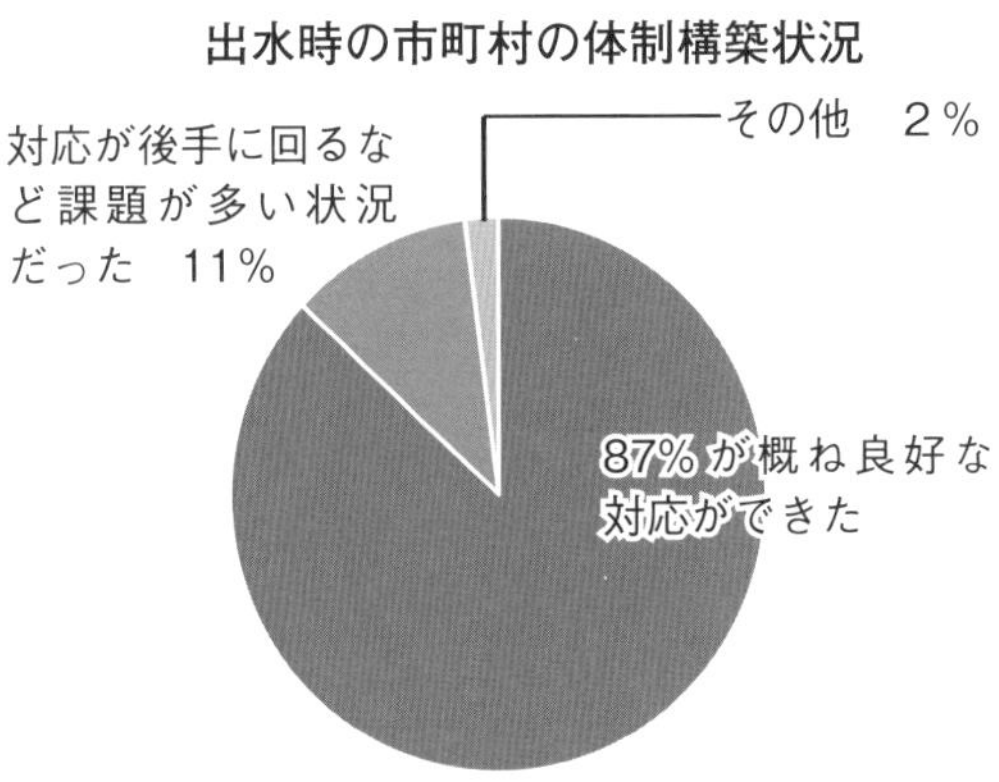

図 33　2017 年に氾濫危険水位を超えた河川がある市町村の調査（国土交通省）

目した対策だ。最近はその考え方を、他の災害でも応用できないかといった動きも出てきた。その意味で、タイムラインはこの国の防災の考え方や仕組みを変える力をはらんでいるとみることができると思う。

3・温暖化がもたらす気象現象の極端化

ここまで水害対策の新しい取り組みをみてきた。そして大きな背景に地球温暖化があることを記してきたが、地球温暖化と気象現象についてもきちんと扱っておきたい。

２０２０年（令和２年）12月に地球温暖化と気象災害について考えさせられる大きな動きが相次いだ。まず12月４日、気象庁と文部科学省が日本の気候変動について、これまでに観測されたデータと今後の予測をまとめた「日本の気候変動２０２０ ―大気と陸・海洋に関する観測・予測評価報告書―」を発表した。また暮れも押し詰まった25日には、政府が２０５０年の脱炭素社会に向けた実行計画を発表した。これは当時の菅総理大臣が就任直後の所信表明演説で２０５０年までの温室効果ガスの排出を全体としてゼロにする「カーボン・ニュートラル」、脱炭素社会の実現を目指すと宣言したのを受けたものだ。「カーボン・ニュートラル」は化石燃料の利用をゼロにすることではない。人間活動によって排出される二酸化炭素の量と森林などが吸収する量との均衡が保たれた状態にするということだ。したがって森林を増やしたり、二酸化炭素を再利用する技術＝カーボン・リサイクルが進めば、その分排出量を増やすことができるが化石燃料の利用をかなり抑えなければ実現は難しい。

いまや気候変動は気候危機といわれるほど深刻で、世界で最高気温が年々更新され、大雨や洪水、熱波や山火事などの災害が激甚化し大きな被害がでている。気候危機をもたらしている地球温暖化を食い止めるために、２０１５年にパリで開かれた国際会議で合意された「パリ協定」では、世界の平均気温の上昇を産業革命前より2度より低く、１・５度までに抑える努力を追求するとしている。この目標を達成するためには大気中に排出される温室効果ガスを２０５０年までに実質ゼロにする必要があると計算されている。

ところが「日本の気候変動２０２０」によると、人間活動の影響で二酸化炭素の濃度は増加を続けている。世界の二酸化炭素の濃度は２０１９年には４１０・５ｐｐｍで産業革命

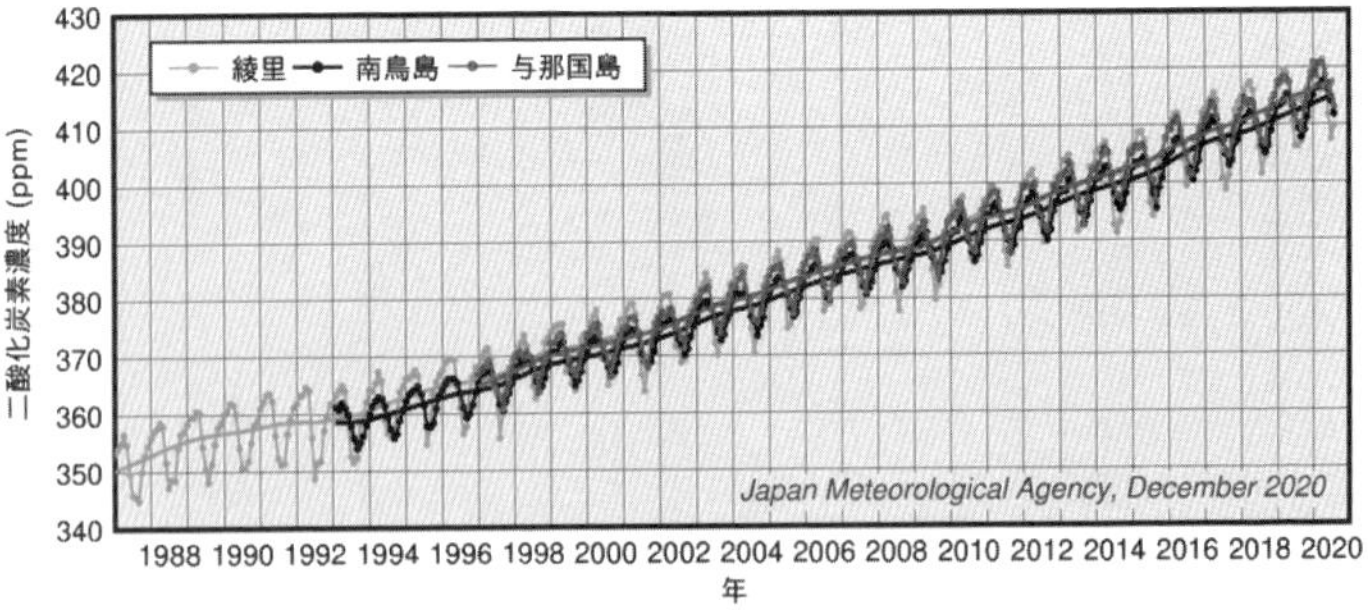

図 34　日本の二酸化炭素濃度の経年変化（気象庁）

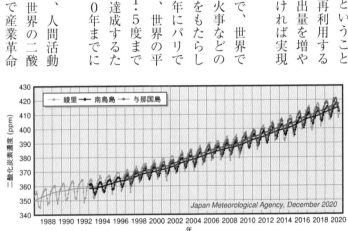

前より50％ほど増え、少なくとも過去80万年間で前例のない水準に達した。この影響で日本の年平均気温は1898年の統計開始以来最も高い値となり、2019年までの100年あたりの上昇率は1・24度になった（図34）。

もし世界の気温がパリ協定の目標が達成されて2度上昇した場合と、このまま追加的な対策が講じられないまま4度上昇した場合の日本の気候の予測を比較すると、2度上昇の場合には猛暑日の年間日数は約2・8日増加し、冬日は約16・7日も減少するとしている。一方4度上昇した場合には猛暑日は約19・1日増加し、冬日は46・8日も減少するとしている。

また降水量は2度上昇の場合は1時間50ミリ以上の降水量が約1・6倍に、4度上昇の場合は約2・3倍に増加し、大雨や短時間の強雨の発生頻度が増すとともに、6月の梅雨前線に伴う降水帯が強まり、台風のエネルギー源である大気中の水蒸気量が増加することから、日本の南海上で猛烈な台風が発生する可能性が高いとしている。

そうした温暖化による被害を減らすために必要なのが排出する二酸化炭素を減少させることだ。そのために求められるのが「カーボン・ニュートラル」で、その具体策として2020年（令和2年）12月25日に政府が発表したのが「グリーン成長戦略」だ。温暖化対応を新たな成長の機会として捉え、14の分野を設けて具体的な目標を設定している。

そのうちのいくつかを紹介すると、まず自動車の分野では遅くとも2030年代半ばまでに乗用車の販売を電気自動車やハイブリッド車などの電動車にし、そのために車に搭載する蓄電池の性能を向上させるとしている。また洋上風力発電の能力を２０４０年までに大型の火力発電30基から45基分に高めるとともに、水素の利用を火力発電の燃料などに拡大し、参考値とはいうものの２０５０年の発電量に占める再生可能エネルギーの割合を約50％から60％に引き上げるとしている。

一方原子力発電も脱炭素社会の選択肢として位置付け、安全性が高いとされる小型原発の開発を推進し再稼働も進めるとしている。確かに原子力発電を抜きにして脱炭素社会を目指すのは難しい面があるが、東日本大震災から10年以上経っても原子力災害の影響が続いていることを考えると、災害のリスクが高く、核のゴミの処分も決められないでいる状況のまま、原子力発電を将来にわたって続けていくのかどうかについては国民的な議論が必要だ。

《ＩＰＣＣも警告している》

世界の科学者で構成されているＩＰＣＣ（気候変動に関する政府間パネル）は２０２１年（令和3年）8月に地球温暖化の現状や予測について8年ぶりに最新の報告書を発表した。その中で「人間の影響が大気、海洋及び陸域を温暖化させてきたことは疑う余地がない。大気、海洋、雪氷圏、生活圏において、広範囲かつ急速な変化が表れている」と人間活動によって温暖化が引き起こされていることを初めて断定した。

ＩＰＣＣは１９８８年（昭和63年）に設立された国連の機関で、各国から推薦されるなどした科学者が世界中の観測データや論文によって気候変動の科学的な評価を行い、定期的に報告書を発表している。２０２１年（令和３年）に発表された「ＩＰＣＣ第６次評価報告書　第１次作業部会報告書　気候変動２０２１：自然科学的根拠」については、気象庁が概要を訳してＨＰで公表している。

要旨を紹介すると、まず気温については「２０１１年から２０２０年の世界の平均気温は１８５０年から１９００年の気温よりも１・９度高く」「最近の40年間のうちのどの10年でも、１８５０年以降のどの10年よりも高温が続いた」としている。また海の温度についても「世界全体の海洋が１９７０年代以降昇温していることはほぼ確実」で、「世界の平均海面水位は１９０１年から２０１８年の間に０・２メートル上昇し、その平均上昇率は１９０１年〜１９７１年の間は１・３ミリ／年だったが、（中略）２００６年〜２０１８年の間には３・７ミリ／年に増大した」と近年の海面水位の上昇率は１９００年代に比べて３倍近くに増えたとしている。

世界の平均気温は既に19世紀の後半よりも１・09度上昇しているとされるが、この気温の変化が太陽の活動や火山活動など自然の活動によるものと温室効果ガスなど人間の活動によるもののどちらの影響が大きいかも分析され、ほとんどが人間活動の影響だったとしている。「人間の影響は、少なくとも過去２０００年間に前例のない速度で気候を温暖化させてきた」「１７５０年頃以降に観測された（中略）温室効果ガス（ＧＨＧ）の濃度増加は人間活動によって引き起こされたことは疑う余地がない」「気候システム全般にわたる最近の変化の規模と（中略）現在の状態は、何世紀も何千年もの間前例のなかったものである」と人間活動によって、かつてない規模の温暖化とそれによる気候の変化がもたらされていると断定している。

そしてこうした気候変動によって、世界で既に大雨の頻度や強度が増したり、極端な高温（熱波）や寒波に見舞われたりしていると報告している。

日本でも温暖化の研究は進められていて、２０２１年（令和3年）7月、環境省は２０１９年（令和元年）に東日本一帯に大きな被害を出した台風第19号（令和元年東日本台風）と同じ規模の台風が、今後温暖化が進んだ際に、日本に上陸した場合の被害状況をシミュレーションした結果を発表した。２０１９年（令和元年）の台風第19号は各地に観測史上1位の記録的な豪雨をもたらし、長野県の千曲川や福島県の阿武隈川など１４２か所の堤防が決壊し、20都府県で９５０件を超える土砂災害が発生し、１１４人の死者・行方不明者（消防庁第66報）を出した。また経済面でも水害としては過去最も多い1兆8、８００億円の被害を出した。

シミュレーションは世界の気温がパリ協定の目標が達成されて産業革命前と比べて2度上昇した場合と、このまま対策が進まず4度上昇したケースについて現在と比較するかたちで行われた。それによると台風の勢力に大きく影響する海面水温の上昇や大気中の水蒸気の量が増えることなどから、台風は２０１９年よりも強い勢力で日本に上陸し、千曲川や阿武隈川など8つの水系の流域で降水量が増加する結果となった。具体的には、気温が2度上昇した場合は河川の最大流量は平均で15％増え、氾濫の危険性がある箇所は1・44倍になった。また4度上昇した場合は最大流量は平均で29％増え、氾濫の危険性がある箇所は2・28倍となった。

《温暖化に適応していくために》

２０２１年（令和3年）10月5日、大きなニュースが飛び込んできた。世界に先駆けて大気海洋結合モデルの研究を進め、二酸化炭素の濃度上昇が地球温暖化に影響するという予測を発表した、アメリカのプリンストン大学の上級研究員でアメリカ国籍を持つ真鍋淑郎さん（90歳）が２０２１年のノーベル物理学賞に選ばれた。大気海洋結合モデルというのは、エルニーニョ現象等のような海洋の変動を大気の変動と併せて予報する手法のことで、気象庁によると、１か月先くらいまでの短期の予報は大気のモデルが使われるが、1か月を超える長期の予報では大気と海洋の相互作用を考慮して一体的に予報する必要があるという。受賞の発表を受けた記者会見で、真鍋さんは温暖対策について「われわれは現実に起きている影響を最小限にとどめつつ、環境に適応することを考えなくてはいけないと思います」と述べた。

気候変動に係わる世界と国内の動きをみると、科学が温暖化の流れは避けようがないことを示し、その影響の深刻さを予測している。さらに深刻なのは様々なイノベーションにより将来的に食い止めることができたとしても、温暖化の影響がすぐになくなるわけではなく、気象災害の深刻化を避けることができないということだ。したがって温暖化対策にとって重要なことは、これ以上の悪化を防ぐこととともに、温暖化によってどんな影響が出るかを予測し、その状況の中で被害を減らす「適応策」を考えることだ。

環境省の影響予測の報告書は今世紀末には熱中症の死亡リスクは2倍以上になり、東京や大阪では日中に屋外で働ける時間が30%から40%も減少するとしている。また大雨による洪水のリスクが倍増し、土砂災害の発生頻度も規模も増すとしている。こうした気象災害の極端化は都市機能のマヒや商業施設や工場の休業につながり社会や経済にも大きな打撃となる。

ここまで読んできて、ことさらに深刻に書いているのではないかと感じる人がいるかもしれないが、確かに温暖化の予測や影響には不確実性がともなうが、大事なことはその不確実性を理解したうえで対策を進めていけるかどうかだ。温暖化対策は「気温上昇を抑え温暖化を食い止める」対策と「被害を減らす適応策」の双方の対策が必要なのだ。

私たちは科学と技術の進歩によって便利で豊かな生活を手に入れたが、皮肉なことにそれによって生活が脅かされる危機に直面している。そしてその状況を打開するために必要とされるのも新たな科学と技術の力だということになる。問われているのは科学を国の政策や社会の防災に生かしていく知恵と実行力なのだ。

4・情報を防災に生かすために

最近の防災の考え方の大きな流れを「防災から減災へ」という言葉で説明されることがある。この場合の「防災」は高度経済成長の時代を中心に進められてきた主に工学的なアプローチ、ダムや高い堤防を造って災害の被害を出さないようにする取り組みだ。そうした対策は確かに効果を上げてきたが、東日本大震災の巨大津波や最近各地で頻繁に降るようになった豪雨は従来の対策が想定していた数値をはるかに上回り、甚大な被害を出すようになった。そこでダムや堤防などの施設を造るだけでなく、町づくりや住まい方なども視野に入れた様々な対策を組み合わせて被害を少しでも減らしていく「減災」という考え方に軸足が移ってきた。今や津波や洪水、土砂災害、火山の噴火など、およそすべての自然災害で「減災」の考え方で被害の軽減を図ろうとしている。

しかし「減災」は思っているほど容易な対策ではないこともわかってきた。というのも対策を進めるうえで極めて重要なのが、危険が迫った地域の人に安全なところに避難してもらうことだからだ。つまりは社会の高い防災意識と住民の適切な防災行動によるところが大きい対策だ。従来の「防災」では住民の「避難」はどちらかといえば補完的な役割だったが、「減災」では避難を効果的に進めることが出来なければ対策そのものが絵に描いた餅のようになってしまう。

「危険」が迫った人に「危険が迫った」ことを伝えるのが「情報」で、その「情報」を避難の行動に結びつけられるかどうか、つまり情報を防災に生かせるかどうかは極めて大きな課題だ。ところが第1章や第3章でみてきたように、情報が出たにもかかわらず、住民の避難は低調な状況が続いている。

どうしてだろうか？　２０１８年（平成30年）７月の西日本豪雨で大きな被害を出した広島市が避難指示を出した地域の住民を対象に行ったアンケート調査の結果は、災害のときの雛難を阻む最も大きな要因は自分自身の心理状態だとわかる。

広島市は情報を出して避難を呼びかけたにも関わらず、避難した人が少なかったことから、避難指示が出された地域の住民１，７００人にアンケート調査を行い、50％にあたる８５８人から回答を得た。それによると、市が指定した避難所など安全な場所に逃げなかった人は約74％にのぼった。その理由を聞いたところ、「被害にあうとは思わなかった」と答えた人が53・３％と半数を上回ったほか、「今まで自分の居住地が災害にあったことがなかった」と答えた人が38％いた。

災害のときに〝自分は安全だ〟と根拠なく思いこんでしまう心の動きを、心理学では「正常化の偏見」とか「正常化のバイアス」と呼ぶ。災害で何か異常な事態が起きたときに、「これは正常化の範囲内」だと思いこんで危険を過小評価してしまうのだ。災害の危険が迫って避難が呼びかけられる時は深夜や明け方だったり、道が川のようになっていたりすることがあるから、人はなるべく逃げたくないのだ。そこで「去年の雨も激しかったが、逃げなくて済んだ」とか「これまで50年ここで暮らしてきたが災害で逃げたことはなかった」などと勝手な理由をみつけて逃げなくていいように考えてしまいがちだ。したがって災害時の避難を進めるためには、「正常化のバイアス（偏見）」を打ち破る情報の力が必要になる。そのために必要なポイントが、情報を出す際、伝える際、そして受ける際のそれぞれにある。一つ目の情報を出す際のポイントは、災害情報はわかりやすくなくてはいけないことで、このことは1章で書いた。

《情報を伝える　市町村とメディアが考えるべきこと》

二つ目のポイントは情報を伝える際、大事な情報は複数の手段で伝える必要があることだ。２０１７年（平成29年）７月の九州北部豪雨の被災地の住民に砂防・地滑り技術センターが避難に関する情報を得た手段について聞いた調査がある。それによると、テレビから得たという人が最も多くなっているが、次いで防災行政無線の屋外スピーカー、近くの人などからの連絡（声かけ、電話、メール等）、エリアメール・緊急速報メール、家族からの連絡（電話、メール等）、防災行政無線の個別受信機、自治体や消防の広報車、福岡県の防災メール（まもるくん）、ＳＮＳなど様々な手段で情報を得ていたことがわかる（**図35**）。

多様な生活をしている多くの人に避難の情報を伝えるためには複数の伝達手段が必要だ。また「正常化のバイアス（偏見）」を打ち破るためには、同じ情報を複数の手段で届ける必要がある。たとえば、雨の降り方がいつもと違うなあと感じている人に、テレビやラジオが「避難指示」がでたことを知らせ、窓の外から防災行政無線の屋外スピーカーや広報車の呼びかけが聞こえ、携帯やスマホに避難のメールが届き〝どうしよう〟と思っているところへ、自主防災組織の人や近所の人がドアをノックして「一緒に逃げましょう」と言われてようやく避難するのだ。災害情報で避難を進める

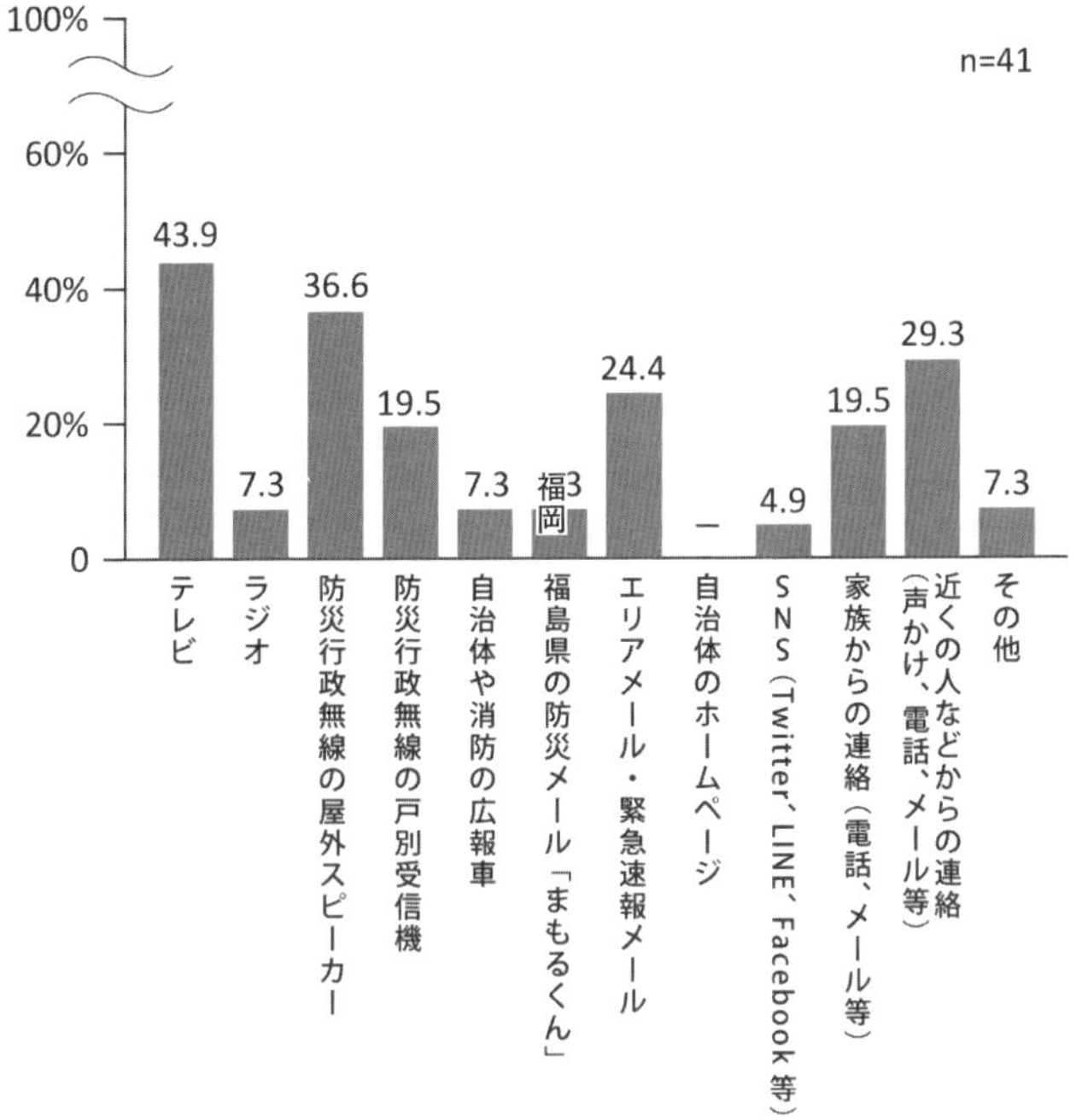

図35　避難の情報を得た手段（平成29年九州北部豪雨、砂防地すべり技術センター）

ためには手間も時間もかかる。大事な情報は複数の手段で、繰り返し伝える必要があるということだ。

従って市町村は避難の情報を伝える際には、およそ考え得るすべての手段を駆使して伝えるようにしなくてはいけないし、放送は全国的なエリアに伝えるＮＨＫや民間放送のキー局だけでなく、ケーブルテレビや地域ＦＭなどのローカルメディアがきめ細かく避難の呼びかけとその理由を繰り返し伝えることが重要だ。

また〝いざ〟という時の情報が生きるかどうかは、〝普段〟の情報提供の仕方にかかっていることも指摘したい。最近の災害では、せっかく作られたハザードマップが防災に生かされていないことを3章で書いた。「平成30年7月豪雨（西日本豪雨）」で町の面積の３分の1が水に浸かった岡山県倉敷市真備町の浸水の広がりや深さを、災害直後に国土地理院が推定した結果は多くの防災関係者を驚かせた。浸水範囲は東西約7キロ、面積は約1、１００ヘクタールに及び、深い所では5メートルにもなっていたが、この浸水状況は倉敷市が事前に配布していた洪水のハザードマップとほぼ重なっていた。ところが災害直後に真備町の住民に聞いた調査では、ハザードマップを事前に見て「内容を理解していた」人は24％しかいなかった。

どうしてハザードマップの情報が住民に伝わっていないのだろうか。内閣府が東日本台風の後に全国の市町村に聞いた調査をみると理由がわかる。「毎年1回雨のシーズン前などに繰り返し周知している」ところは5・5％しかなく、82・2％が「作成したり、更新したりした時や住民が転入してきたとき」に1回だけ周知していると答えている。中には「周知していない」が1・5%もあった（図36）。

一つの市町村にとって大きな災害は稀にしか起きないから住民にとってハザードマップは遠い存在だ。しかし災害はいつ襲ってくるかわからないから、日頃からハザードマップの内容を理解して、いざという時の防災行動に結びつけるようにしておいて欲しい。そのために毎年のように地区ごとにハザードマップの悦明会を開いたり、防災訓練の後にハザードマップを活用して反省点などの振り返りをしている自治体がある。

ハザードマップは洪水だけでなく、土砂災害などでも作られていて、2021年（令和3年）7月の静岡県熱海市の土石流はハザードマップの危険渓流に重なるように起きた。自分の住んでいる場所のリスクを知ってもらうために、住民にハ

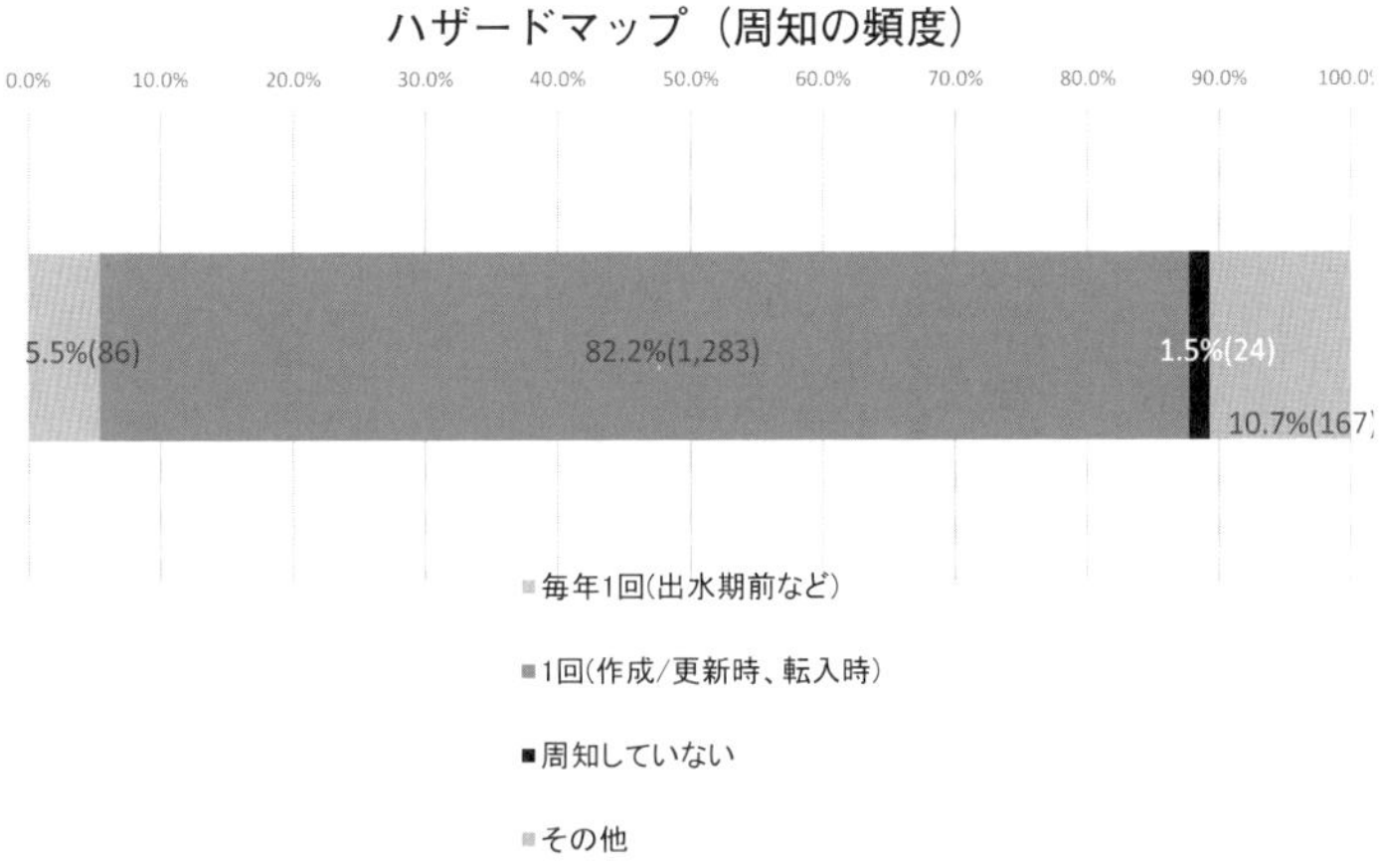

図36 「令和元年台風第19号等による災害からの避難に関するワーキンググループ」資料（内閣府）

ザードマップの内容を理解してもらうことは市町村の防災対策の始まりだ。

また2004年（平成16年）10月、台風第23号による大雨で円山川が決壊し水浸しになった兵庫県豊岡市が、避難の情報を出したにも関わらず住民の避難が進まなかったことから、災害後に住民にアンケート調査をしたところ、「避難勧告（当時は避難勧告と避難指示があった）が出たらどうしたらいいかわからなっか」とか「避難勧告を避難指示に切り替えるというのはどういうことかわからなかった」などといった答えがかえってきた。市町村の防災担当者は「高齢者等避難」「避難指示」「緊急安全確保」といった情報を出せば、住民に危機感が伝わり、避難行動に結びつくと思っていても、住民にとっては、時には5年とか10年に一度聞く「高齢者等避難」「避難指示」「緊急安全確保」といった情報がどのような意味を持ち、どのように行動したらいいかがわからないのは当然のことのように思える。

先ほどのハザードマップと同じように、毎年雨のシーズンになったら、様々な住民に集まりの際に『住民に危険が迫ったら、市（町村）は、まず「高齢者等避難」という情報を出します。この情報が出たら、避難に時間のかかる人やそうした人がいる世帯はハザードマップを参考に安全な場所に避難してください』『もっと危険が高まったら、「避難指示」という情報を出します。この情報が出たら、たとえご飯を食べていてもすぐに避難してください』ということを伝えておかなくてはいけない。災害時の避難情報はそれほど頻繁に出る情報ではないが、時に住民は即座に判断して避難行動をとらなくてはいけないことがある。

そのためには情報の出し手と同時に伝え手である市町村と重要な伝え手である放送メディアは、情報の受け手である地域や住民と情報に込められた危機感について共通の認識を持っていないと避難に結びつけることはできない。つまり避難情報は単なるインフォメーションではなく、双方のコミュニケーションになっていなくてはいけないのだ。

【参考】
△市区町村の防災に関するアンケート調査（静岡大学防災総合センター・牛山素行教授）
△「平成30年7月豪雨災害における避難対策等の検証とその充実に向けた提言「（広島市・平成30年7月豪雨災害における避難対策検証会議）
△「日本の気象変動２０２０—大陸と陸・海洋に関する観測・予測評価報告書—」（文部科学省・気象庁）
△「平成30年7月豪雨を踏まえた水害・土砂災害からの避難のあり方について」報告書（中央防災会議）

第5章　まとめとして

第5章に関連する災害「伊勢湾台風」（昭和34年台風第15号）

昭和34年9月21日にマリアナ諸島の東海上で発生した台風第15号（伊勢湾台風）は、中心気圧が1日に91ヘクトパスカル下がるなど猛烈に発達し、非常に広い暴風域を伴って北上した（**図37**）。26日18時頃和歌山県潮岬の西に上陸し、その後6時間余りで本州を縦断して富山湾に進んだが、勢力が強く暴風域も広かったため、広い範囲で強風が吹き、伊良湖（愛知県渥美町）で最大風速45・4メートル（最大瞬間風速55・3メートル）、名古屋で37・0メートル（同45・7メートル）を観測するなど、九州から北海道にかけてのほぼ全国で20メートルを超える最大風速と30メートルを超える最大瞬間風速を観測した。

伊勢湾沿岸では高潮、強風、河川の氾濫により甚大な被害を受け、特に愛知県では名古屋市などで高潮により短時間のうちに大規模な浸水が起こり、死者・行方不明者が3、300人以上の大き

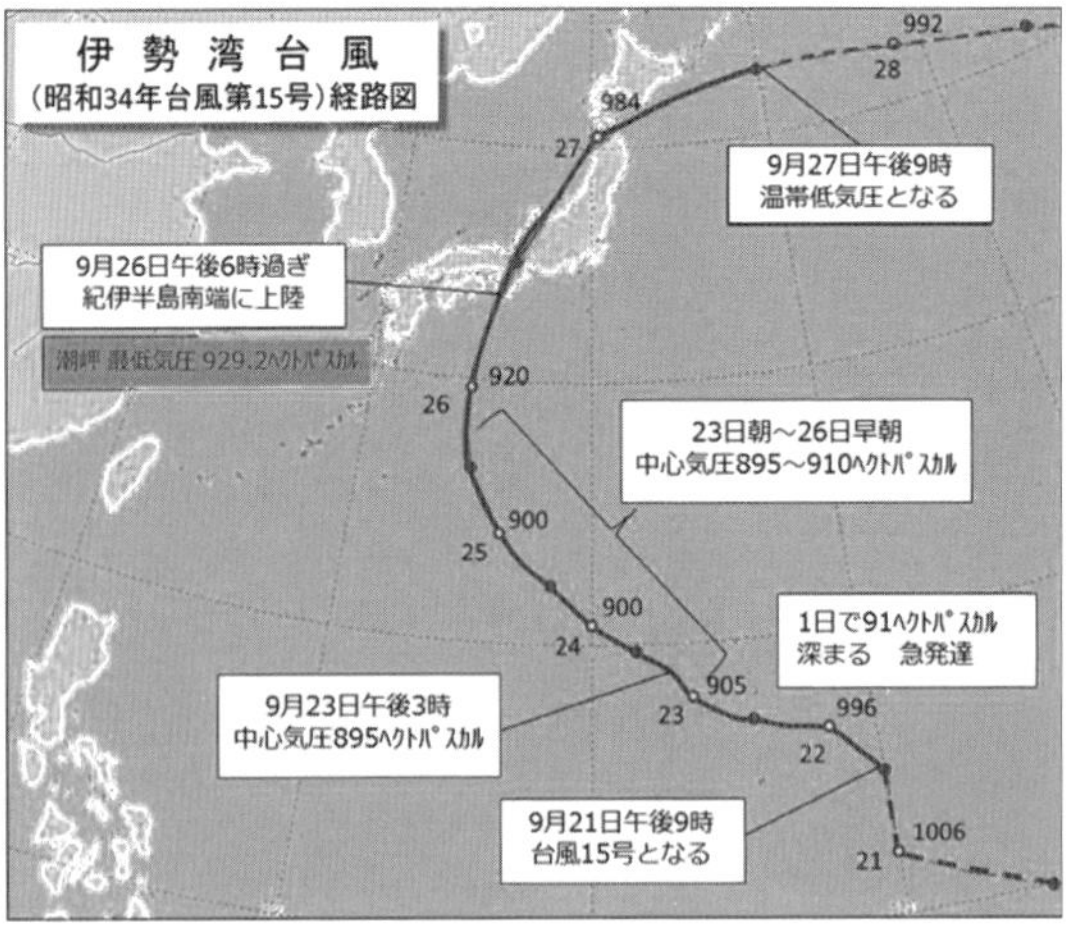

図37　伊勢湾台風の経路図

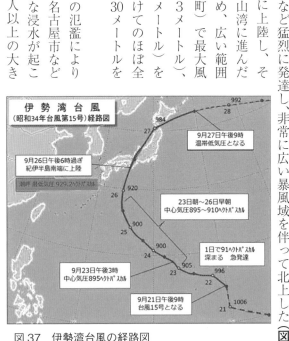

な被害となった。 また三重県でも高潮で死者・行方不明者が1、200人以上となって、全国で一つの台風としては最大の5、000人以上の犠牲者を出した。

この災害以降テレビの予報報道が本格化したほか、全国の海岸堤防の整備が進められた。また被災地の中には行政と住民が一体となった防災対策を展開し、犠牲者を減らしたところもあって様々な面から防災対策の教訓となる災害となった。

ここまで私がNHKの自然災害や防災担当の記者や解説委員としての経験を含めて災害と情報について記してきたが、メディアの様々な取り組みが現在の防災の形に大きな影響を与えてきたことは間違いないように思う。そしてこと風水害対策という面では、1959年（昭和34年）の伊勢湾台風が現在につながる防災の原点ともいえる災害だったと思えてならない。伊勢湾台風は、その後に災害対策の法整備が進んだり、全国の海岸堤防の整備が行われたりと我が国の防災対策に大きな影響をもたらし、地域の防災や災害報道のあり方にも教訓を残したと思えるからだ。

《伊勢湾台風が伝えること　防災の裾野を広げたい》

後に伊勢湾台風と名づけられることになる1959年（昭和34年）の台風第15号は、9月21日にマリアナ諸島の東海上で発生し、猛烈な勢力となって北上した。9月26日の午前9時には風速15メートル以上の強風域が、東側750キロ、西側650キの大型となり、午後6時頃に紀伊半島先端の潮岬付近に上陸した。上陸時の中心気圧は929・2ヘクトパスカルで、昭和9年の室戸台風の911・6ヘクトパスカル、昭和20年の枕崎台風の916・1ヘクトパスカルに次いで3番目の記録となっている。上陸後は時速65キロの速い速度で北北東に進み、最大風速は伊良湖で45・4メートル／s、名古屋で37・0メートル／sの暴風を観測した。

伊勢湾台風の最大の特徴は人的な被害の大きさであった。死者・行方不明者は全国32道府県に及び、台風災害としては明治以降最多の5、098人に達した。また住宅の浸水は36万3、611棟、住宅の全壊は4万838棟に達する大災害となった。

台風が紀伊半島から本州を縦断するコースを進んだために、台風の進行方向の東側＝危険半円にあたった伊勢湾沿岸では、暴風が満潮時刻と重なって記録的な高潮が発生した。名古屋港では最高潮位が平均海面から3・89mも高くなった。これは名古屋港の最高潮位の記録で、海水が堤防を乗り越えて住宅地を襲った。伊勢湾の奥には16世紀以降の干拓によってできた海抜0メートル地帯が広がっていたうえに、名古屋港は木材の取扱量が多かったことから大量の流木が流れ出して住宅や工場などを押しつぶした。

死者は愛知県が3、260人、三重県が1、281人で2つの県で全体の83％を占めた。昭和20年代から30年代にかけては、第二次世界大戦による国土の荒廃と不十分な防災対策のために毎年のように大きな台風災害が起きていたが、その中で東海地方は比較的被害が少なかったことから避難対応も不十分だったとみられている。

【戦後の主な台風災害】

		死者・行方不明者数
1945年（昭和20年）	枕崎台風	4、229人
1947年（昭和22年）	カスリーン台風	1、624人
1948年（昭和23年）	マイオン台風	1、910人
1951年（昭和26年）	ルース台風	1、045人
1954年（昭和29年）	洞爺丸台風	628人 +1、139人（洞爺丸の遭難者）
1958年（昭和33年）	狩野川台風	1、276人
1959年（昭和34年）	伊勢湾台風	5、098人

（「科学技術庁資源調査会」資料から）

そして伊勢湾台風は放送にとっても大きな転換点となる災害だった。当時、気象台の警報や台風情報などが住民に伝達されるルートには市町村を経由して伝えられるもののほかに、NHKなど放送機関による災害報道があった。テレビ放送が始まったのは昭和28年で、当初の災害報道は高潮や洪水などで全壊した住宅の数や犠牲者の人数などを伝えることが中心だった。つまり事後に被害を伝える報道だったのだ。しかし被害をどれだけ詳細に伝えても、被害を減らすことはできない。被害を減らすためには予報や予防につながる情報を伝えて、多くの人の防災意識を高め、社会の防災の取り組みを促し、危険が迫った地域の住民の避難を進める必要がある。

現在の予報や予防情報を中心とした災害報道につながる報道は伊勢湾台風から始まった。NHKでは初めて気象庁にテレビカメラを持ち込んで、予報官や天気相談所の所長にインタビューして台風の進路や勢力、注意点などを伝えた。また名古屋のNHKや民放も地元の気象台から防災情報を伝えた。

残念なことに1958年（昭和33年）のテレビ（白黒）の世帯普及率は約10%、乾電池式のラジオの普及率は名古屋市で約21%だったうえに、大規模な停電も発生し、初めての予報や予防情報を中心とした災害報道は十分な成果を上げることができなかった。

しかし伊勢湾台風から2年後の第2室戸台風の際に、放送による防災の効果が確かめられた。1961年（昭和36年）9月16日の午前9時過ぎ、後に第2室戸台風と名づけられた台風第18

号は、伊勢湾台風に匹敵する940・4ヘクトパスカルの中心気圧で高知県室戸岬に上陸した。その後大阪湾に進み、大阪管区気象台は知事や市長、府警本部長、それにテレビや新聞各社に「最悪の事態となったので、厳重な警戒と予防態勢をとるよう」依頼した。これを受けて大阪府知事は、テレビやラジオを通して「台風への備えと早急な避難」を呼びかけた。そして気象台から高潮警報が発表された後、大阪湾沿いの14の区市町村に避難命令が発表され、大阪府内の避難所には約44万人が避難した。この台風による住宅の全壊は1万5、238棟、浸水は38万4、120棟にのぼったが、死者・行方不明者は202人と伊勢湾台風に比べると少なかったうえに、高潮に襲われた0メートル地帯の死者はいなかった。予報や予防情報が防災につながる。現在の災害報道の原型は伊勢湾台風のときの報道から始まったといえる。

そして大災害の中にあって、現在に生きる教訓を残す自治体があった。伊勢湾台風によって堤防が決壊し町内の大半が浸水したにも関わらず、一人の犠牲者も出さなかった三重県北部の楠町、現在の四日市市楠町だ。内閣府や三重県などの資料によると、楠町は当時の町の助役が中心になって、気象台からの情報を受け取るだけでなく、自前で気象観測する態勢を整え、台風がきた際には河川の水位の監視を続け、刻々と変わる状況の把握に努めた。また住民の防災意識が高く、人口の4分の1近い約2、500人が水防団や消防団の活動に参加していた。そして台風が襲ってきた9月26日の午前9時には、町議会を召集して町としての防災態勢を整え、水防団や消防団に待機を指示し、午後3時には町民への避難命令を出し、雨が降る前から避難を開始した。これによって楠町は伊勢湾台風による犠牲者を出さずにすんだ。楠町の防災対応を主導的に進めた当時の中川薫助役は「何もなかったらそれでいいじゃないか。住民にはそういう気持ちになってもらわなければいけない。水に浸かっても死者がでないことはありがたいことだ」と語っていたという。

こうした楠町の対応からは、自治体が日頃から防災への取り組みを強めておき、いざというときには与えられた情報だけでなく自らが必要な情報を得る努力をして早めに態勢を整えることがいかに重要かがわかる。また住民の4分の1近くが水防団員や消防団員だったということからは、日頃から多くの住民が防災に関心を持つと共にそれを実践できるようにしておく防災の広がりの大切さがみえてくる。

災害情報を防災に生かす体制は、伊勢湾台風の後、大きく整った。しかし今でも伊勢湾台風は防災対策にとって基準とされる重要な台風だ。気象庁は警報の基準をはるかに超え、重大な災害が発生する恐れが著しく高まった際には「特別警報」を発表することにしているが、台風による特別警報は「伊勢湾台風級の台風が来襲する場合に、大雨、暴風、高潮、波浪の特別警報を発表する」としている。また伊勢湾台風の2年後には、我が国の防災対策の基本となる「災害対策基本法」ができ、防災の概念と国や自治体の責任を明確にした。また全国の海岸堤防の整備や、防災科学技術研究所や気象研究所台風予報研究部の創設、台風監視のための気象レーダーの設置など台風研究のきっかけにもなった。

伊勢湾台風のときの楠町の防災対応から、いざという時には地域で声をかけ合い、助け合って避難することの重要性がわかる。その実践のために汗をかける防災リーダーを全国で育てることが災害時の避難を実践的にできるようにすることだと教えている。防災に関わる情報が様々に整備され発表されているが、それを防災に生かすためには、防災を一部の専門家や自治体や地域の熱心な防災担当者だけでなく広く社会全体に広げていく必要がある。。全国津々浦々に防災リーダーを育て、防災を行政任せにしたり、仕方なくやることではなく、この国で生きていくのに欠かせないこととして自ら進んで学び、地域ぐるみでやることに変えていかなくてはいけない。

これまで多くの災害現場を取材してきて痛感することは、ほぼすべての災害で素早い避難以上に有効な防災対策はないということだ。東日本大震災や最近の豪雨災害は自然の力は強大で人の力で災害を制御することは困難で、自然に対して謙虚になって危険が迫った際には危険な場所から避難することが大切だということを改めて教えている。その知識は徐々に社会に広がってきたように思えるが、知識を行動に結びつけるために更に防災の裾野を広げなくてはいけないと思う。

《地域を知る》

２０１９年（令和元年）、国土地理院の地図に13年ぶりに新しい記号ができた。楕円形の石碑の形をイメージしたデザインで、過去に発生した地震、津波、洪水、火山災害、土砂災害などの記録を刻んだ石碑や供養塔の場所を示す「自然災害伝承碑」の記号だ（**図38**）。こうした石碑は災害で大きな被害の出た場所に建てられていることが多く、被災状況を伝えるとともに後世に向けた防災のメッセージが刻まれている。

図38　自然災害伝承碑の記号（国土地理院）

２０１８年（平成30年）７月の西日本豪雨で多くの犠牲者がでた広島県坂町には、１００年以上前の１９０７年（明治40年）７月に大雨が降って２本の川が氾濫し44人の犠牲者がでた災害を伝える石碑が建てられていたが、地域の住民は石碑を読んでいなかった人が多く、水害について深く考えたことがなかったという声を聞いた。また町の３分の１が水に浸かった岡山県倉敷市真備町の源福寺にも１８９３年（明治26年）に２００人以上が犠牲になった水害の供養塔が建てられ、塔の高さまで水がきたことを示していた。

インターネットで国土地理院のＨＰにある「地理院地図」にアクセスして新たな地図記号をクリックすると、「地震」「洪水」「火山災害」などといった災害の種類とともに石碑の写真や内容が紹介されている。

こうした石碑が西日本豪雨の前にも注目されたことがあった。２０１４年（平成26年）７月、九州の西の海上を進んでいた台風第8号から、本州付近に停滞していた梅雨前線に向かって暖かく湿った空気が流れ込み大気の状態が不安定になり、長野県の所々で雷をともなって非常に激しい雨となった。中でも南木曽町では1時間に50ミリを超える雨が降って梨子沢で大規模な土石流が発生し、母親と子ども合わせて4人が流され、子ども1人が亡くなった。この時は土石流が発生する直前にあたりが白っぽく見えるような1時間に70ミリの非常に激しい雨が降った。南木曽町は昔から土石流が発生しやすい場所で、1953年（昭和28年）7月にも激しい雨が降って土石流が発生して犠牲者が出た。地元では土石流のことを「蛇抜け（じゃぬけ）」と呼んでいたことから、7年後に現場近くに「蛇抜けの碑」が建てられた。石碑には『白い雨が降るとぬける　尾先谷口宮の前　雨に風が加わると危ない　長雨後谷の水が急に止ったらぬける　蛇ぬけの水は黒い蛇抜けの前にはきな臭い匂いがする』と刻まれている。

『白い雨』は豪雨で周辺一帯が白っぽく見える状態のことで、気象庁の雨の強さと降り方の説明では、1時間50ミリ以上の雨は「水しぶきであたり一面が白っぽくなり、視界が悪くなる」としている。また「尾先谷口宮の前」は土石流が発生しやすい場所のことで、尾根の先や谷の出口付近のことを指している。また「谷の水が急に止ったら」や「きな臭い匂いがする」は、土砂災害の前には前兆現象が観測されることがあって、上流で土砂が崩れて流れをせき止めて急に水が少なくなったり、斜面や山に裂け目ができて生臭い土の匂いがたちこめたりしたら警戒しなくてはいけないといっている。

南木曽町では2014年（平成26年）の土石流災害から3年後に、土石流にのまれた住宅があった場所に芝生を植えて広場にし、「平成じゃぬけの碑」を建てた。そこには『夏らしい暑い日だった　昼過ぎから雲が出てきた　三時過ぎから雨が降ってきた　猛烈な雨になった　一時間程白い雨が降った　平成二十六年七月九日午後五時四〇分　麓では雨が降りやむ頃「蛇抜け」が出た　南木曽の山の頂から蛇抜けが出てきた　・・・・』と書かれ、災害の記憶と教訓を伝えている。

自分が住んでいる地域の土地の特徴や過去の災害履歴などのリスクを知ることは防災の始まりだが、そのために努力が必要な時代だ。近代的な都市を歩いていると、コンクリートに覆われた町はどちらに向かえば標高が高くなっているのかがわかりにくいし、スマートフォンやカーナビの地図を使っていると右とか左といった方向感覚になって東西南北を意識することも少ない。また「氵（さんずい）」の漢字を使った地名は水に関係があることを示すなど古くからの地名には過去の災害の記憶や地盤の特徴が伝えられているが、宅地造成や再開発などで新しい地名に変えることがあって過去の教訓も忘れられがちだ。

新しく作られた「自然災害伝承碑」の地図記号を活用して、学校教育の場で過去に起きた災害を学んだり、地域で石碑を巡る防災町歩きなどをして、先人が伝える情報に耳を傾け防災に生かすことは大切なことだ。

《情報を避難に生かすために》

情報の出し方と受け取り方にも注意すべき点がある。まずは防災気象情報についてだが、情報を発表する側と利用する住民の側との間に、情報の精度や発表範囲についての食い違いが大きいことが一番大きな問題だ。例えば、気象庁が2022年（令和4年）から発生が予測された段階でも発表し始めた線状降水帯の情報について、過去の事例をもとに試算した〝的中率〟は全国単位では2回に1回程度、地方単位では4回に1回程度だったという。また情報を発表していなくても線状降水帯が発生する〝見逃し〟が3回に2回程度あるということだ。このように現在の予測技術では線状降水帯の発生について正確な予測をするのは難しいのが現状だが、それでも気象庁はひとたび発生に巻き込まれると甚大な被害につながりかねないとして、多少精度が悪くても情報を避難に生かして欲しいとしている。それは土砂災害危険情報や竜巻注意情報についても同じだ。

一方で受け取る側の市町村はできるだけ空振りを少なくして、狭い範囲に避難を呼びかけたいとする意向がある。また実際に逃げるかどうかを判断する自主防災組織や住民は気象庁が発表する地方単位の情報では広すぎ、できれば自分の周辺の数十メートル程度の細かいメッシュで、しかも正確な危険性が知りたいだろう。つまり自治体や住民にとっては、気象庁の情報は全体状況を知ることができても、一つひとつの自主防災組織の単位や一人ひとりの住民が避難の判断をするには、情報の範囲が広くて粗いうえに、精度が悪くて使いにくいということになってしまう。

また多くの研究者や防災機関は日頃の情報提供の中で、新たに分かった事にクローズアップして成果を発表することが多いが、分かった事ばかりを発表され、様々な気象現象に着目した情報が次々に作られると、多くの人は近年の科学の進展によって自然や気象への理解が進み、精度の高い情報が発表されるようになったと思ってしまう。したがって研究者や防災機関はわかったことだけでなく、同時にわからないことや何故わからないかも伝えていかなくてはいけないというのも、私が強く感じていることだ。

こうしてみてくると気象情報を巡る気象庁と情報を受ける住民との問題は、いわば現在の科学の限界を踏まえたうえで情報を生かすためにはどうしたらいいかという問題に突き当たる。なかなか正解を見つけるのが難しいが、情報を出す側と受ける側の双方に課題があるように思える。

まずは情報を出す側の問題だが、いかに科学の限界に直面しているとはいえ、わかりにくい、使いにくい情報を発表しても良いという理由にはならない。各地を取材して痛感するのは、現在の防災気象情報への理解を進めるだけではいざという時に避難を進めることは難しいということだ。幅広い年代の人に「記録的短時間大雨情報」と「顕著な大雨の情報」の違いを正しく理解してもらうのは困難だ。次々に作られてて来たすべての防災気象情報を俎上に上げて情報全体を整理して、また情報名にも工夫をこらして、その情報を聞いたら自分がどうしたらいいかがすぐにわかるように改善すべき時期にきていると思う。

一方で情報を受け取る自治体や住民の側の課題も大きい。被災地の多くの人が防災気象情報によって全体的な危機感の高まりは感じ取っていた。だがその意識が避難にはつながらなかったからだ。情報を出す側が現在の科学の限界に直面している以上、問題解決の鍵は情報を受け取る側にもあることになる。理解しておかなくてはいけないことは、いかに情報が精緻になったとしても、ある程度の広がりをもった地域への情報を目指している以上、「自分が避難すべきかどうか」という切実な課題にダイレクトに応えてくれる情報を期待することは困難だということだ。そのことをわかったうえでないと、情報の生かし方はみえてこない。

そうした中で、私が対応に注目した事例がある。全体として被災地の避難が進まない中、情報を生かして避難が行われた地域があったのだ。２０１８年（平成30年）７月の西日本豪雨で、愛媛県松山市の高浜地区は住民が声をかけあって避難したばかりでなく、避難情報を自分たちの避難に利用した。雨が激しさを増した7月6日の午5時半頃、自主防災組織の防災担当者は地域の見回りを始めた。すると一部で斜面が崩れたり、泥水が流れているところがあった。消防署員を現場に呼んで相談し、地区に避難を呼びかけることを決め、午後6時頃から手分けして一軒一軒を回った。そのうえ松山市に連絡して切迫した状況を伝えて「避難勧告（当時は避難勧告があった）」を出すよう要請した。それを受けて松山市も午後9時に高浜地区に避難勧告を発表した。地区では翌朝にかけて35か所で土砂災害が発生し11軒が全半壊した。中には高齢者や幼児が暮らしている住宅もあったが、地区の住民約２００人は避難していて、全員が無事だった。この事例は情報は指示を仰ぐものではなく、避難のために利用するものだということがよくわかる。

これまで情報を出す側や情報を伝える側の課題を中心に考えてきたが、こうした例を目の当たりにすると、情報を生かすための地域の仕組みや防災リーダーと呼ばれる人材を育てることの重要さに思い至る。どんなに情報がきめ細かく出されるようになったとしても、一つひとつの自治会や自主防災組織、一人ひとりの住民を対象に警報や避難の呼びかけを出すことはできないし、その細かさで危険性を知らせる危険度分布の情報を出すことも難しい。今ある情報を最大限生かして、それを避難に結びつけるために、何を避難を決断する根拠にするのか、全国の地域で情報を利用する観点から改めて考えてみる必要があるように思える。

また各地を取材してみえてくるのは、自治会や自主防災組織、それに一人ひとりの住民が「避難を判断する訓練」をしておく必要があるということだ。地域の中で、たとえば目の前の河川の水位がどこまでになったら避難するタイミングだという「避難スイッチ」を決めたり、過去の地域のリスクを自治体や自主防災組織が勉強して「土砂災害危険情報が出らみんなで避難する」などといった「地区のタイムライン」を作って訓練を繰り返しておくことが重要だ。防災気象情報が伝える全体的な危機感を、地域や自分の判断に置き換えることは地域や自分で決めるしかない。災害情報の曖昧さを払拭して避難行動につなげられるかどうかは地域の取り組みと一人ひとりの判断にかかっている。

またハザードマップなどの被害の想定は地域の危険性を知るうえで重要な情報源ではあるが、縛られすぎないことも改めて記しておきたい。自然は常に我々の想定を超える可能性がある。いかに現在の科学を生かした想定であったとしても、「災害がそのとおりに起こる」こともなければ、「それ以上の被害は発生しない」ことにもならない。ハザードマップはあくまで一つの想定に過ぎず、私たちが自然現象を完全に解明できていない以上、常に想定外のことが起きる可能性があることを忘れるべきではない。

東日本大震災の後、内閣府が岩手県、宮城県、福島県の約1万1、000人余りの住民に聞いた調査がある。その中に大震災の前に避難訓練など防災の取り組みをしていた地域の人としていなかった地域の人とで避難の状況がどう違ったかを調べたものがある。それによると避難して「安全なところから津波を見ていた」人は、防災の取り組みをしていた地域では41%、していなかった地域では27%で、10ポイント以上の開きがあった。防災の取り組みをしていた地域の人の方が安全に避難した割合が高かったのだ。

かつて東京消防庁のハイパーレスキュー隊の訓練を取材したことがある。隊員たちは地震で壊れた住宅などの下や車の中に閉じこめられたりした人を想定し、エンジンカッターなどの器具を使って救助する訓練を繰り返し行っていた。隊長に厳しい訓練を毎日のように繰り返す理由を聞いたところ、「本番では訓練以上のことはできないから」という答えが返ってきた。

これこそが自然に立ち向かうための心構えだと痛感した。災害は穏やかに晴れた日の昼間に起きるとは限らない。雨や雪の日、深夜や明け方にも襲ってくる。そうしたときにきちんと避難ができるようにするためには、避難場所や避難路がわかっていて、身体が避難を覚えていることが大切だ。避難の呼びかけがあったら、身支度をして、必要な物を持って、靴を履いて、玄関の外に出ているようになっていたいのだ。

洪水や土砂災害ではないが、東日本大震災の被災地には津波を経験した人たちが後世に伝える教訓を記した石碑が各地に建てられている。２０１２年（平成24年）の夏に、岩手県釜石市本郷地区に建てられた石碑には、災害に立ち向かうための避難の心構えを記した文字が刻まれている。

この石碑の高さは2・6メートルで、周りに高さ2メートルの4つの石碑が建てられ、そこには当時、地元の小学校や中学校に通っていた人たちのメッセージが記されている。そのうちの一つ、当時中学2年生だった女の子のメッセージを読んで目頭が熱くなった記憶が残っている。刻まれていたのは『１００回逃げて、１００回来なくても、１０１回目も必ず逃げて』という文章だった。

大きな津波は滅多に来ない。このため津波警報がでても、〝今回もたいしたことはないのではないか〟とか、〝この前は避難しなくて大丈夫だったから〟などと勝手な理由を考えて避難しないケースが東日本大震災の前にはよくあった。しかし１００回に1回でも、１、０００回に1回でも、ひとたび大きな津波が襲ってくると大変な被害が出てしまう。このメッセージは、たとえ避難が空振りに終わっても、津波の危険があったら必ず逃げなくてはいけないと伝えている（**写真18**）。

防災に関するイメージは人によってバラバラだし、避難を呼びかける言葉から受ける危機感も受け手によって違っている。多くの被災地で避難が遅れた人や避難しなかった人から「自分が被害に遭うとは思わなかった」という言葉を聞くたびに災害情報を防災に生かす難しさを痛感してきたが、これだけ災害の多い国に暮らしている以上、災害の危険性が高まってきたり、それを知らせる情報が発表されたりしたら、声をかけあって迷わず避難することが必要なのだ。一人で避難できない高齢者や体の不自由な人の避難態勢を作ることは市町村と地域の仕事だ。危険が迫ったら逃げる、危険が去ったら戻る。そうした災害との向き合い方が当たり前のこととなる社会の文化を創らなくてはいけない。少しでもその時代が近づくように、

写真18　東日本大震災の石碑（岩手県釜石市本郷地区・筆者撮影）

これからも防災の重要性を折に触れ語り続けていきたいと思っている。

【参考】

△内閣府　災害教訓の継承に関する専門調査会報告書（平成20年3月）「1959　伊勢湾台風」

△内閣府　過去の災害に学ぶ「1959年9月26日　伊勢湾台風」

△三重県　レッツ防災　～伊勢湾台風　楠町の教訓～

△内閣府「東日本大震災における地震、津波時の避難に関する実態調査」

あとがき

　これまで多くの災害と向き合ってきた。自然災害の現場を初めて取材したのは１９８４年（昭和59年）９月14日の午前８時48分に長野県木曽郡王滝村の直下で発生した「長野西部地震」だった。当時はＮＨＫ長野放送局に勤務していて、地震発生直後は長野県庁を取材し、入ってくる情報をもとにテレビやラジオでリポートした。この地震の規模を示すマグニチュードは６・８、震源に近い王滝村では大規模な土砂崩壊と地滑りが発生し王滝村を中心に29人の死者が出たが、夕方になるまで王滝村の被害の情報は入ってこなかった。崩落した土砂に阻まれて村から外に通じる道路が通れなくなり、土砂を乗り越えて助けを求める人が周辺の自治体に出るまでに時間がかかったのだ。大きな被害はなさそうだと安堵の空気が流れ始めた夕方近くなって、王滝村の大きな被害の情報が入ってきて、県庁の対策本部の空気が一気に緊迫したのを覚えている。その後王滝村の現場も取材したが、この災害では大きな被害が出ている地域の情報は遅れて入ってくることがあることと、いち早く救援や救助を進めるための情報の役割の大きさを学んだ。

　また自然災害ではなかったが、大きな事故でも情報の重要性を思い知ったことがあった。「長野県西部地震」の翌年の１９８５年（昭和60年）８月12日の午後６時過ぎ、羽田空港から大阪の伊丹空港に向かって乗客乗員524人を乗せた日本航空123便の行方が分からなくなったというニュースが飛び込んできた。長野放送局から東京のスタジオの問いかけに答える形で深夜まで放送した。当初、自衛隊では日航機は長野県の山中で姿を消したという見方をしていて、その情報に基づいて東京のスタジオからは「まだ長野県警や地元の消防などは機体をみつけられないのか」といったニュアンスの問いかけが多かった。夜9時近くなって、長野県警から「群馬県境の方で黒煙が見える」という情報入ってきて、深夜に墜落現場は群馬県の山中であることがわかり、翌日の早朝になって自衛隊が群馬県上野村の山中に墜落した日航機を発見した。この惨事の取材では、どんなに混乱した現場であっても雰囲気に流されることなく、冷静に取材に基づいた事実だけを伝えなくてはいけないということを肝に銘じた。

そのほかにも災害や事故における情報の重要性を痛感させられる出来事がいくつもあったが、その頃、NHKの上司や先輩から教えられ、今でも忘れられないのは「現場で10取材して3を記事にしろ」、「3の取材で5を書いてはならない」という言葉だ。10取材したことを3の記事にしようとすると、取材しながら書かなかった7が背景になるし説得力につながる。しかし3しか取材しなかったことを5に膨らませて書こうとすると中身は薄くなるし、時には誤報につながりかねない。また「わかりやすい言葉で書く」というのは、現在も私がモットーにしていることだ。幅広い世代の多くの人に理解してもらうためには専門用語や横文字はなるべく避けるべきだという教えは、災害情報にも言えることだと思う。ニュースにとっても災害情報にとっても「わかりやすさ」は最大の価値の一つだ。

災害はその地域や社会が抱えている問題を顕在化させ、加速させるという大きな特徴を持っている。大きな災害が起きると、決まったように高齢者対策が課題として浮かび上がってくるが、それは災害が起きたことでにわかに高齢者の問題が発生したわけではなく、高齢者を巡る問題は災害前からあって、それが災害をきっかけに誰の目にも明らかな形で浮かび上がってきたと受け止める必要がある。したがって日頃から高齢者に目配りをしていない市町村や地域社会に災害時の高齢者対策はできないと考えるべきだと思う。

情報についても同じことが言えて、災害時だけ情報を防災に役立てようとしても無理があって、日頃から防災気象情報や避難につながる災害情報を発表する気象庁や国土交通省といった防災機関や避難情報を発表する市町村、それにそうした情報を伝えることに大きな役割を担っている放送局などのメディアは、いざという時の情報が力を持つことができるように日頃から取り組みを進めておかなくてはいけないと思う。また情報は生き物だから常に検証し次に向けた改善も重要だ。

想定を超える雨が頻繁に降るようになり、堤防やダムなどの工学的アプローチだけで被害を減らすことが難しくなってきたことは明らかだ。災害の被害を減らすための情報の役割は増々重要なものになっている。もっとわかりやすく、役に立つ災害情報はどのようなものか、どう防災に生かしていけばいいのか、それを学生も含めた多くの人に伝わる言葉で伝え、結果としてこの国の防災のレベルをもう一段高いものにしていきたいと思う。私なりの視点で社会に還元できればそれに過ぎる幸せはない。この本がその議論と実践に少しでも役立てば嬉しく思う。

この本を書くにあたっては、これまで取材などで付き合いのあった多くの研究者や国や自治体の防災担当者などとの意見交換が有益だった。特に内閣府の「平成30年7月豪雨による水害・土砂災害からの避難に関するワーキンググループ」「令和元年台風第19号等を踏まえた避難情報及び広域避難等に関するサブワーキンググループ」での議論は考えをまとめるのに役立った。また過去の「伊勢湾台風」や「雲仙普賢岳災害」などについては、中央防災会議の「災害教訓の継承に関する専門調査会」の報告書などを参考にさせていただいた。また気象庁、内閣府、国土交通省などの報道発表資料も参考にさせていただいた。さらに近代消防社の三井栄志社長には本のタイトルを含めてアドバイスをいただき、編集の石井政男さんには丁寧に対応していただいた。合わせてお礼を申し上げたい。

【著者紹介】
山﨑　登（やまざき　のぼる）

国士舘大学防災・救急救助総合研究所教授、静岡大学防災総合センター客員教授、人と防災未来センター上級研究員。昭和29年長野県大町市生まれ、昭和51年にNHK入局後、国内外の自然災害や防災取材を経験。平成12年、NHK解説委員（自然災害・防災担当）。平成21年、NHK解説副委員長。平成29年から現職。平成30年に兵庫県功労者表彰（防災）、防災功労者内閣総理大臣表彰。

著書に、「災害情報が命を救う～現場で考えた防災～」（近代消防社）、「地域防災力を高める～やったといえるシンポジウムを～」（近代消防社）、「防災から減災へ　～東日本大震災の取材ノートから～」（近代消防社）、「災害情報論入門」（共著・弘文堂）、「気象・災害ハンドブック」（共著・NHK出版）、「火山に強くなる本」（山と渓谷社）、「地震予知大転換～最近の地震災害の現場から～」（近代消防社）

災害情報はなぜヒットしないのか
住民の避難を進めるために

令和五年三月二十五日　第一刷発行

筆　者　山﨑　登
発行者　三井　栄志
発行所　株式会社近代消防社
〒一〇五―〇〇二一　東京都港区東新橋一丁目一番十九号
（ヤクルト本社ビル）
TEL　〇三―五九六二―八八三一㈹
FAX　〇三―五九六二―八八三五
URL = http://www.ff-inc.co.jp
振替 = 〇〇一八〇―五―一一八五

ISBN978-4-421-00971-2 C2030